让孩子动起来

——幼儿园体育活动全课程

王　岚　主编

农村读物出版社

BIANWEIHUI

编委会

主　编　王　岚

副主编　刘晓颖　安　昕　陈　琳

编　委　王　红　于　静　孙　秋

编　者　（以姓氏笔画为序）

于　静　于　瑾　于晓琳　王　红　王　娜　王　晨　王连萍　华冬梅　刘　伟　齐　彤　安　昕　孙　秋　苏　蕊　杨　蕊　李　蓉　李竹梅　李静媛　张　妍　张秋丽　赵春艳　侯思峣　戴　安

序

《让孩子动起来——幼儿园体育活动全课程》汇集了北京市宣武区三教寺幼儿园主持的北京市教科院“十五”规划课题“关于幼儿体育锻炼兴趣与习惯的培养”、北京市教育学会“十一五”立项课题“幼儿园班级体育活动中的安全管理和安全教育的实践研究”等课题的综合性研究成果，也是该园近十年来在园本课程开发与探索过程中所积累的实践经验和理论成果。

全书涵盖“幼儿园体育教学活动”、“幼儿园室内体育游戏活动”、“幼儿园户外体育活动”以及“运动安全管理与教育”等几大方面的内容。书中的教育理念、活动案例全部来自一线教学实际。这些有益的探索、实践、总结与提升，形成了三教寺幼儿园独特且较全面的园本体育活动课程，其较强的实用性和可操作性，更值得广大幼儿园和幼儿教师学习与借鉴。

中国学前教育研究会学前儿童健康教育专业委员会副主任

北京师范大学教育学部学前教育研究所

刘馨

2010年9月于北京

前言

把运动还给孩子

提到“小太阳”、“小皇帝”、“小王子”、“小公主”这些词汇，就不禁令我们想起身边那一个个既可爱又可怜的孩子们。从社会大环境来讲，这些孩子们出生在我们国家经济发展最好的时期，吃的、穿的、玩的、看的、学的……无一不令我们这些成人羡慕与向往。从家庭的小环境来说，一个孩子可以得到多至六位成人的细心呵护与宠爱，享受着衣食无忧的生活。家长对待自己的孩子可谓是“捧在手心怕摔着，含在嘴中怕化掉”。但是，如今的孩子们却又是十分不幸的一代，虽然他们享受的物质营养常常“过剩”，但是他们真正需要的精神食粮却少得可怜。很多家长为了让孩子不输在起跑线上，成为智力超人，“精心”为还不会说话的小婴儿报“闪卡记忆训练班”、“蒙式学习班”……幼儿园的孩子们更是每日奔忙于珠心算、双语班、国学班、识字班等课程班之间。幼儿园的老师们也往往会因为怕磕碰出问题，缩减孩子们的体育活动时间。几方面的综合作用下，幼儿就在不停地“操作”与“探究”中安静地成长与发展，无数的孩子无奈地面临着变为“头脑无限膨胀，四肢却不断退化”的“外星人”的现实。

也许很多人并不知道，自己苦心追求的各种育儿方法，对孩子们不断进行的机械训练，不仅不能培养幼儿的智力，反而会磨灭孩子内心对外部世界不断探究的兴趣。那么，什么才是对孩子智力发展最有效、最经济、最便捷的手段呢？什么活动是孩子们自己最喜欢、最乐意做的呢？科学家的研究表明，人的神经细胞是由神经元组成的，而神经元中，又存在很多的轴突和树突，一个人的头脑是否聪明，关键在于轴突与树突的量是多还是少。神经元要受到外界的刺激，才会产生轴突。因此大脑的思维反应以及一个人的智力发展是与运动的刺激密切相关的。体育游戏是孩子们最喜欢的活动，只有激发孩子们参与体育活动的兴趣，让孩子通过各种活动真正动起来，才能真正促进幼儿智力与思维水平的发展。

三教寺幼儿园早在2001年就被评为北京市体育特色幼儿园，秉承着“让孩子们动起来”这一理念，沿着这条特色之路进行课程研究与探索，总结了一套较完整的体育课程经验，在实施中收到了非常好的效果。近年来，幼儿园为周边小学输送的生源均受到学校领导和老师们的一致好评。我们希望这本体育活动全课程成果的出版能为更多的孩子们带来福音。

宝石与金子的珍贵在于不断接受切割与熔炼，孩子的成长更需要磨炼与探索。让我们把时间还给孩子、把游戏还给孩子、把活动场地还给孩子……让孩子们在运动中学习与成长。相信今天的放手播种，一定会换来明天更加精彩的收获。

编　者

2010年夏伏

目 录

第一章

幼儿园体育教学活动

体育教学活动是体育活动的重要组织形式之一，是幼儿园实施健康领域目标的重要途径。体育教学活动主要通过高结构的设计与组织完成预定的教育目标及内容，有计划有目的地促进幼儿动作、体能的发展。目前，在幼儿园体育教学活动中，教师注重通过游戏等形式，激发幼儿参与体育活动的兴趣，让幼儿在张弛有度的活动中得到充分的锻炼。

一、概述

幼儿园体育教学活动是教师按照《幼儿园教育指导纲要》确定的健康领域目标，有目的、有计划、有组织地进行的以儿童身体动作练习为主要内容的教育活动。

幼儿园体育教学活动注重儿童身体的全面发展，注重发展儿童身体的基本活动能力，以提高儿童身体素质，增强儿童体质，为儿童的健康成长奠定良好的基础。

（一）分类

根据不同的分类标准，幼儿园体育教学活动可分为很多种。根据教学任务不同，可分为新授活动与复习活动。如果学习新内容是教学活动的主要任务，就是新授的教学活动，如果以复习为主，则是复习教学活动。依据课程内容来分，则分为游戏、体操、队列练习、基本动作训练等多种教学活动，根据教学活动地点的不同，则可分为室外教学活动和室内教学活动。

比较常用的分类是根据组织形式不同，将体育活动分为集体探索活动、小组探索活动和自由探索活动。

1. 集体探索活动

集体探索形式多适用于集体竞赛性游戏活动。幼儿可分为几个竞赛小组，在每次竞赛之前，对材料的选择、摆放，对动作的变化、要求，对竞赛规则的制定等进行协商，在达成一致意见后，再进行竞赛性游戏，并通过各种变化探索出多种竞赛形式。通过竞赛性游戏活动，可以大大增强幼儿的竞争意识。

2. 小组探索活动

小组探索活动是以小组为单位，分别对本组所选择的游戏材料、游戏形式进行探索的活动。这种形式给幼儿较大的思考空间，为幼儿之间讨论、发表自己的见解提供了较好的条件，同时这种形式也便于幼儿之间、小组之间的互相学习。

3. 自由探索活动

自由探索活动是以幼儿自己为单位进行的探索活动。形式更加宽松、自由，不受任何限制。幼儿可以在成功和失败之间反复进行尝试和探索，从而找到最适宜的材料、动作和游戏形式。这种活动能使幼儿的自主性、自信心和克服困难的勇气，以及创造性思维均得到有效发展。

探索性体育活动的三种形式可以有机地结合在一起，为幼儿的全面发展发挥最大的效用。

（二）指导策略

教师在组织体育教学活动时，对目标、内容、活动方式的选择上都要考虑幼儿年龄特点，注重幼儿的兴趣培养和习惯养成。针对小班幼儿注意力不集中、思维具体形象、没有胜负意识、规则意识弱、对游戏结果不太重视、喜欢模仿、喜欢玩游戏的特点，组织情节简单、角色少、动作简单、规则少且易于遵守、幼儿可以独立活动的游戏，这样可以有效激发幼儿参与体育活动的兴趣，使幼儿的情绪、动作、规则意识得到发展。

针对中大班幼儿的年龄特点，有计划地组织小组或集体体育活动，注重发展幼儿的自主探索能力，使幼儿的自主性和创造性得到提高，同时也能全面发展幼儿体能，增强幼儿体质，促进了幼儿认知、社会性等多方面的发展。教师要注意在熟知活动内容、目标的基础上，着重考虑如何在讲解示范和提出要求时能更好地激发幼儿的活动兴趣，在充分发挥幼儿主体性的同时完成教育目标，达到教育目的。

二、案例分享

（一）小班（16个）

案例一

小刺猬运果子

活动目标

1. 通过在有坡度的材料上爬上爬下，帮助幼儿学习钻爬等基本动作，锻炼幼儿身体的控制力。

2. 培养幼儿关心他人的良好品质，让幼儿体验体育游戏带来的快乐。

活动准备

1. 材料准备：垫子、椅子、皮筋、包、彩色水瓶、拱形门。

2. 场地布置，见下图。

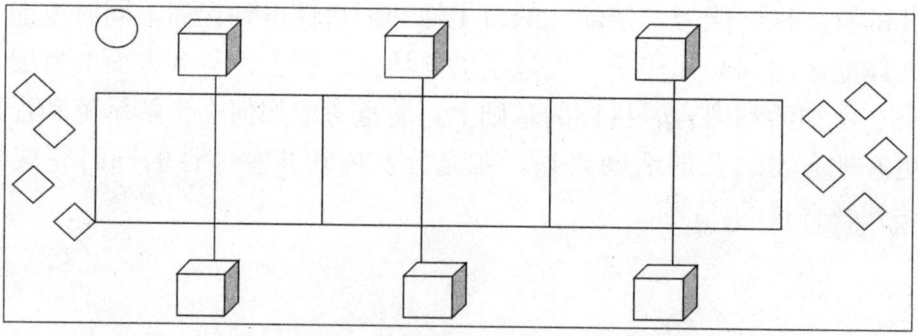

注：○代表小刺猬的家，□代表椅子，|||代表皮筋，

◇代表放置沙包的场地，□□□代表垫子。

活动过程

1. 开始部分

（1）准备活动：教师带领幼儿做小动物模仿操。

（2）导入活动：分配角色，教师扮演刺猬妈妈，幼儿扮演小刺猬，一起做游戏。

2. 基本部分

（1）向幼儿介绍任务。

①今天，刺猬宝宝和刺猬妈妈要一起过小山去看奶奶。

②请小刺猬说一说有什么好办法过小山。（引导幼儿尝试爬过小山）

（2）向幼儿介绍新的任务与场地。

①奶奶家门口还有一条山路，它和咱们家的不一样，应该怎么过去呢？（引导幼儿尝试不同的方法钻爬小山，通过障碍）

②继续引导幼儿采果子、持物钻爬下小山。

（3）向幼儿介绍小松鼠需要帮助的情境。

①鼓励引导幼儿尝试不同的方法，练习持物钻爬的动作。

②引导幼儿知道要关心他人。

3. 结束部分

（1）教师组织幼儿做放松游戏“揉面团”。

（2）教师以刺猬妈妈的口吻总结游戏的情况，肯定小刺猬的表现。

案例二

小袋鼠本领大

活动目标

1. 利用不同的材料进行夹物跳，发展幼儿双脚持续跳的能力。

2. 激发幼儿参加体育游戏的兴趣，感受游戏带来的快乐。

活动准备

1. 材料准备：包、易拉罐、彩板、纸板、拱形门 4 个、小动物头饰。

2. 场地布置，见下页图。

活动过程

1. 开始部分

（1）准备活动：教师扮袋鼠妈妈，幼儿扮小袋鼠与妈妈一起做准备活动。

（2）导入活动：分配角色，教师扮演袋鼠妈妈幼儿扮演小袋鼠来一起做游戏。

2. 基本部分

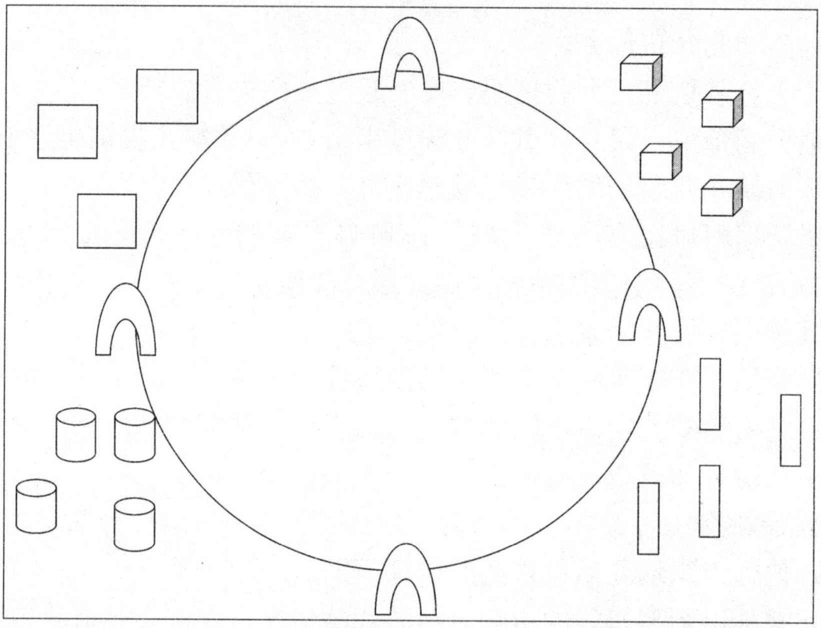

注：代表拱形门，代表易拉罐，代表纸板，代表彩板，代表包。

（1）教师向幼儿介绍任务，双脚行进跳到场地上找好吃的。

①孩子们，咱们用新本领把好吃的运回家好不好？新本领就是把好吃的夹在两条腿中间，然后再跳回袋鼠的家。

②教师进行总结，请跳跃姿势准确的幼儿进行示范，对其进行鼓励。

（2）向幼儿介绍新的任务。

①天气这么冷，咱们的好朋友小猪一定也没有吃的呢，咱们去给小猪送点好吃的吧。（夹上好吃的跳到小猪家，把好吃的送给小猪，小猪把自己的食物也送给小袋鼠）

②对幼儿进行鼓励。

（3）向幼儿介绍给小狗送东西的任务。

①为小狗送完好吃的，对幼儿的跳跃方法给予肯定。

②表扬小袋鼠帮助好朋友、不怕冷的精神。

3. 结束部分

①教师组织幼儿做放松游戏“揉面团”，自然结束。

案例三

勇敢的小鹿

活动目标

1. 通过练习单脚跨跳的动作，发展幼儿的跳跃能力。

2. 培养幼儿与同伴友好合作的意识和勇敢、大胆参与活动的精神。

活动准备

1. 材料准备:皱纹纸条、小棍、地板块、酸奶盒、跳绳、包、塑料果子。

2. 场地布置，见右图。

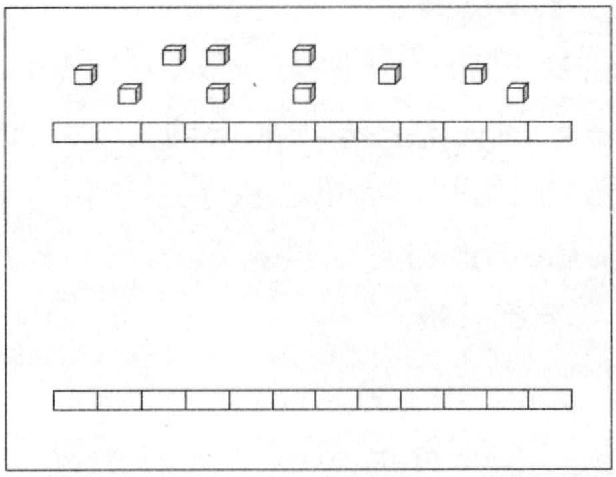

注：代表拼在一起的地板块，代表包。

活动过程

1. 开始部分

(1) 准备活动：活动身体各个部分，重点是脚腕、膝盖。

(2) 导入活动：今天，小鹿要跟着妈妈用跨跳的本领一起过河。

2. 基本部分

(1) 提出问题后向幼儿布置任务。

①带领幼儿观察搭建材料，提出搭建小河的要求。

②教师与幼儿一同观察搭建材料。

(2) 幼儿搭建小河，练习跨跳。

①幼儿搭建小河并练习跨跳，教师巡回指导，重点指导幼儿搭建并练习不同宽度的跨跳小河。

②幼儿分散练习后，教师集中幼儿，总结并演示跨跳的基本方法和动作，鼓励幼儿尝试更宽的材料。

③引导幼儿进入郊游的情境，去大森林中的草坪采果子，练习跨跳。

3. 结束部分

(1) 游戏结束，自然退场。

(2) 肯定幼儿的表现，表扬幼儿勇敢、大胆、不怕困难。

案例四

勇敢的小鸡

活动目标

1. 尝试在平衡板上练习平衡动作。

2. 初步掌握新材料的使用方法，能安全地在上面做运动。

活动准备

1. 材料准备：平衡板、乌龟壳、小墩、圈若干，大灰狼头饰 1 个，小鸡头饰 12 个，小草、虫子图片若干。

2. 场地布置，见右图。

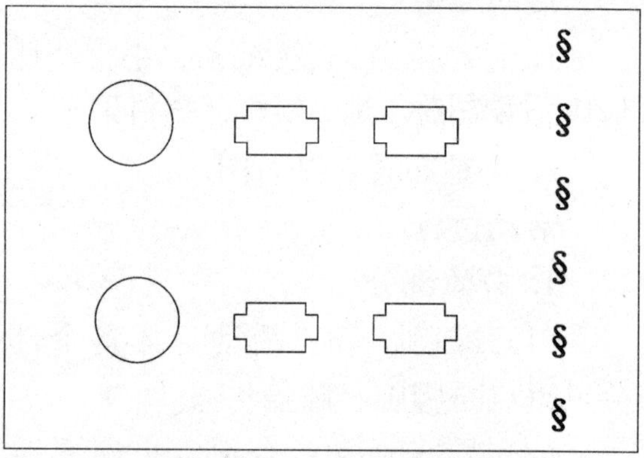

注：◯代表幼儿，▭代表平衡板，§代表小虫子。

活动过程

1. 开始部分

(1) 准备活动：教师扮演鸡妈妈，幼儿扮演鸡宝宝，大家在场地上围成一个圈，边说儿歌边做准备活动。

(2) 导入活动：讲故事，引发幼儿兴趣。(教师扮的鸡妈妈与幼儿扮的鸡宝宝在场地上做游戏)

2. 基本部分

(1) 走过“石板路”到树林里捉虫，鼓励幼儿大胆走过平衡板。

①幼儿扮演小鸡，第一次走过“石板路”，到树林里捉虫。

②介绍材料，请幼儿说说怎么走过平放的平衡板。

③提出动作要求，幼儿平举双手，身体直立，保持平衡走过平衡板。

④幼儿在平衡板上练习平衡动作，教师指导。

⑤大灰狼出现，破坏“石板路”，在路上添加“小土坡”。

(2) 走过增加“小土坡”的“石板路”，回到家中休息。

①幼儿走过被破坏的“石板路”，回到家中休息。

②介绍材料，请幼儿说说怎么走过摇晃的平衡板。

③大灰狼再次出现，进行第二次破坏，在“石板路”上添加“晃动的石头”。

（3）走过增加了“晃动的石头”的“石板路”，到树林里捉虫。

幼儿练习平衡动作，教师随机指导。

3. 结束部分

今天我们鸡宝宝又聪明又能干，战胜了狡猾的大灰狼，并且学会了通过不同小路的方法，现在我们休息一下，做一做腿部放松活动吧。

案例五

帮助兔奶奶

活动目标

1. 在游戏中学习平衡木上的不同走法，发展身体的协调性和灵活性。

2. 懂得关心、帮助别人，会使用简单的礼貌用语。

活动准备

1. 材料准备：红、绿、白色的萝卜若干，山洞，板块，平衡木，水瓶，小树，蘑菇，红、白、绿筐各一个，兔子头饰若干，录音机，磁带。

2. 场地布置，见右图。

活动过程

1. 开始部分

（1）准备活动：教师与幼儿听音乐做小兔操（头部运动、上肢运动、小兔招手、小兔摆尾巴）。

（2）导入活动：

①教师发问，幼儿自由发言，引发幼儿探望兔奶奶的愿望。

②教师带幼儿看望兔奶奶，引导幼儿帮助兔奶奶拔萝卜。

2. 基本部分

（1）启发幼儿帮助兔奶奶拔萝卜，进行游戏活动。

①第一次拔萝卜：走过小桥，钻过山洞，跳过草地后拔三个颜色不一样的萝卜，拔完萝卜送到相应颜色的筐里。

②第二次拔萝卜：蹲着走过小桥，走时两只手抱住膝盖，拔四个自己最喜欢吃的萝卜。

③提问：数一数我们一共拔了几个红萝卜，几个白萝卜，几个绿萝卜，看看你们能把萝卜送回家吗？

④第三次拔萝卜：双手拽住脚踝过小桥，跳过草地，拔五个指定的萝卜。

3. 结束部分

小兔子聪明又能干，帮助兔奶奶把地里的萝卜都拔回来了，并且学会了许多解决问题和保护自己的方法。现在我们休息一下，做一做腿部放松活动吧。（幼儿与教师一起听着音乐离开场地）

案例六 送 鸭 蛋

活动目标

1. 幼儿能够听指令持物绕过障碍走。

2. 体验体育游戏带来的快乐。

活动准备

1. 材料准备：纸做的鸭蛋、鹅蛋、鸡蛋若干，鸭妈妈家四个，母鸡头饰，模拟草地、蘑菇地、小树林，蚂蚱。

2. 场地布置，见右图。

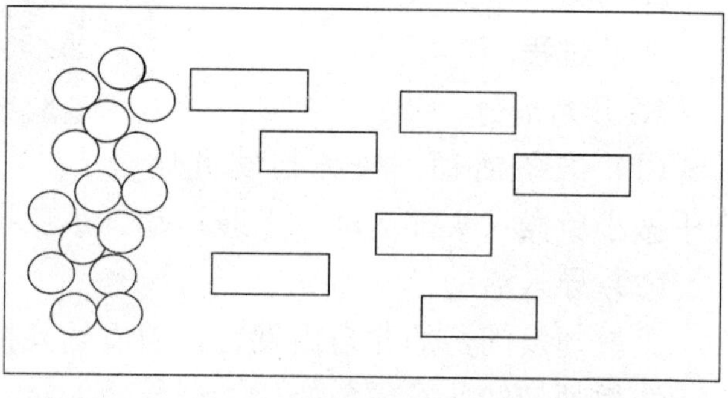

注：○为纸鸭蛋，▭为障碍物。

活动过程

1. 开始部分

（1）准备活动：教师带领幼儿学小鸡的动作。

（2）导入活动：设置游戏情境，让幼儿根据指令向不同方向轻轻地走。

2. 基本部分

（1）游戏：小鸡捉害虫。

①教师：小鸡刚起床，肚子都饿了吧？跟妈妈去捉蚂蚱吃好不好？

②布置一块蚂蚱场地，小鸡捉虫，幼儿练习轻轻地走。

③提问：谁看见蚂蚱在哪里呢？

要求：一定要轻轻地走过去，不把蚂蚱吓跑，一次捉一只。

④重复游戏 2～3 遍。

⑤设置游戏情景，幼儿练习持物绕障碍走。

（2）游戏：送鸭蛋。

①教师：小鸡们吃饱了，在草地上玩一会儿好吗？（教师把幼儿带到场地一侧）

②布置鸭蛋场地、蘑菇地、鸭妈妈家。

③提问：草地上有什么？（蛋）谁的蛋？

幼儿猜测，教师出示鸡、鸭、鹅蛋，请幼儿观察对比，最后发现是鸭蛋。

④玩法：路过蘑菇地和小树林时，不要踩到蘑菇，要绕过去，把鸭蛋送到鸭妈妈家。

⑤规则：一次只能送一个鸭蛋，握好鸭蛋，不让它掉在地上。

3. 游戏自然结束。

案例七

聪明的小兔

活动目标

1. 让幼儿练习双脚行进跳，掌握屈膝团身走的技能，并体验游戏的快乐。

2. 培养幼儿坚强的意志及乐于助人的品质。

活动准备

1. 材料准备：小兔家一个、兔奶奶家一个、小兔头饰每人一个、狐狸头饰一个、大蘑菇每人一个、自制小树障碍物若干。

2. 场地布置，见下页图。

活动过程

1. 开始部分

（1）准备活动：兔妈妈带小兔到森林里玩，跳跳兔子舞，活动身体。

提示小兔：双脚蹬地向上跳，轻轻落地站得稳。

（2）导入活动：练练小兔子最棒的本领——双脚跳。

2. 基本部分

（1）游戏：兔妈妈采蘑菇。

①兔妈妈带小兔回到家，让小兔在家玩，妈妈出去采蘑菇。

②兔妈妈双脚跳到森林里采蘑菇，突然来了一只狐狸。兔妈妈用蘑菇遮挡身体，蹲在蘑菇下。狐狸离开后，兔妈妈躲在蘑菇下，屈膝团身走回家。

③兔妈妈回到家问小兔：刚才妈妈看见狐狸是怎样做的？

请小兔学一学、练一练妈妈刚才的动作。

（2）兔妈妈带小兔采蘑菇。

小兔和妈妈来到森林里，双脚行进跳绕过小树采蘑菇。回家的路上遇见狐狸，兔妈妈提醒小兔藏在蘑菇下不出声。等狐狸走了，躲在蘑菇下屈膝团身走回家。

3. 结束部分

兔妈妈带小兔双脚行进跳，去看望生病的兔奶奶，把蘑菇送给兔奶奶。自然结束。

蘑菇地

小兔家

兔奶奶家

案例八
神奇的彩虹伞

活动目标

1. 能够完成快速爬和反复进出钻的动作。

2. 尝试彩虹伞的多种玩法，在活动中体验集体游戏的快乐。

活动准备

1. 材料准备：彩虹伞、小手铃人手一个、小鱼和夹子若干。

2. 场地布置，见下图。

活动过程

1. 开始部分

（1）准备活动：听音乐做准备活动。

（2）导入活动：通过谈话引出幼儿游戏愿望，教师为幼儿佩戴手铃，猫妈妈和猫宝宝一起做游戏。

2. 基本部分

（1）游戏“听铃鼓找颜色”。

①小猫在花草地上（彩虹伞）自

由爬。

教师提出安全要求：爬的时候注意小猫之间不能碰到一起。

②听铃鼓找颜色，进一步让孩子认识颜色。

提问：看看自己戴的小手铃都是什么颜色的？花草地上都有什么颜色？

幼儿听到急促的铃鼓声后快速爬，铃鼓一停快速坐到相应的颜色上。

（2）游戏“小猫捉鱼”。

①猫妈妈带领小猫钻进山洞。（撑起彩虹伞）

提问：看看外面都有什么？（小河里都是小鱼）

要求：钻时速度要慢，注意躲闪，避免碰撞，每次只捉一条鱼。

猫妈妈带领小猫捉鱼，教师观察指导幼儿出入钻的动作。

②猫妈妈带领小猫晒鱼干，巩固幼儿出入钻的动作。

3. 结束部分

听音乐做放松活动。

案例九

小 熊 运 果 子

活动目标

1. 发展幼儿的平衡能力，培养幼儿积极思考问题的习惯。

2. 初步萌发幼儿帮助他人的情感和团结协作的精神。

活动准备

沙包若干、小墩若干、篮子两个、拱形门一个、小熊头饰若干。

活动过程

1. 开始部分

（1）准备活动：今天天气真正好，熊宝宝来运动。伸伸臂伸伸臂、弯弯腰弯腰、蹦蹦跳蹦蹦跳，我们都是能干的熊宝宝。

（2）导入活动：熊宝宝们，我们仓库里的果子快没有啦，我们一起到对岸采些果子回家吧。

2. 基本部分

（1）过独木桥采果子。

①提问：过桥的时候我们注意什么呀？小眼睛要看哪里，怎样保持平衡？（眼睛看脚下、看前面，双手举起来、抬平）

②提出要求和游戏规则：我们要排成两队，老师摸到头的小熊就可以过桥啦，先过去的小熊就在对岸休息一下，等妈妈和小熊都过去后再一起去采果子。记住啊，每只小熊只能采一个果子。（过桥的时候一定要注意安全，保持平衡不要掉下去）

③教师带领幼儿按照要求走平衡木回家，然后把采来的果子送回家里的仓库。

（2）走石子路采果子。

①教师导入：啊，天亮啦。今天妈妈收到了一封信，是熊奶奶寄来的。你们想不想看看信里都写了什么呀？哦，原来奶奶想请宝宝们帮忙，奶奶年纪大了，需要宝宝们帮奶奶运一些果子，你们愿意帮忙吗？(愿意)

②提出问题：你们看这是一条什么路？(小墩路）和我们刚才走过的那条路不一样啦，那你们来说说哪里不一样？我们走的时候要怎么样呀，是不是要迈大步，小脚踩在大石头的中间呀？是的，这样就不会滑倒,那两臂呢?(要抬平）这样才能保持身体的平衡。

③提出规则：我们排成两队，老师摸到头的小熊就可以过去了，等我们大家都过去后再一起采果子，每只小熊只采一个果子哦。

④教师带领幼儿按规则拿着果子走石头路回家。

3. 结束部分

（1）到熊奶奶家送果子。

（2）拍拍腿，拍拍胳膊，互相拍一拍，做放松活动。

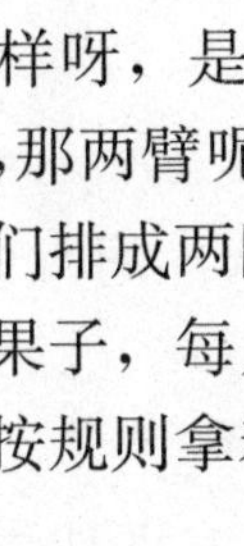

案例十

小 鸡 运 木 头

活动目标

1. 锻炼幼儿持物朝指定方向走，并尝试用多种走法运材料的能力。

2. 巩固幼儿对生活中几何图形的认识。

3. 培养幼儿乐于助人的好品质。

活动准备

1. 材料准备：三种不同形状的房子图片（方形、圆形、三角形），三种形状积木若干，瓶子、塑胶地垫若干，鸡妈妈、猫妈妈头饰各一个，铃鼓一个。

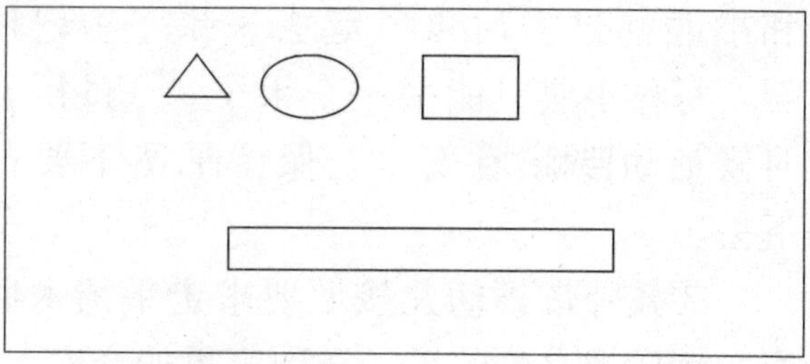

2. 场地布置

场地中，大长方形是地垫搭的小河，三角形、圆形、小长方形分别是不同形状的房子。

活动过程

1. 开始部分

（1）准备活动

跟随音乐，老师扮鸡妈妈带领幼儿扮的小鸡做早操。

（2）导入活动

由故事《猫妈妈盖新房》引出让小鸡帮助猫妈妈运木头、盖房子的活动。

2. 基本部分

（1）运木头

①猫妈妈请小鸡帮助运木头。

②要求小鸡边说儿歌边运木头，跨过障碍（小河），一次运一块木头，将不同形状的木头送到相应房子前。

（2）增加难度运木头

①要下雨了，要加快速度，要求每个小朋友拿两块木头。

②前方是一片森林，小鸡要绕过大树（瓶子）把木头送到指定地点。

3. 结束部分

表扬小鸡很能干，猫妈妈感谢小鸡的帮助。

附：儿歌《小小鸡》

小小鸡，唧唧唧，走起路来真神气，
挺起胸，抬起头，眼睛向着前面瞧，
不碰人，不拥挤，一二一二向前走。

案例十一

小兔跳跳跳

活动目标

1. 练习双脚向前跳的动作，发展幼儿动作的协调性。

2. 培养幼儿互相帮助、关心他人的品质和情感。

活动准备

小兔头饰、鸡妈妈家、积塑块、萝卜、录音机、磁带。

活动过程

1. 开始部分

（1）准备活动：幼儿跟随音乐节奏跳《快乐的小兔》韵律操，活动身体。

（2）导入活动：鸡妈妈盖新房，要用很多砖，可是它忙不过来，需要小兔帮忙，我们一起去帮忙好吗？（好）

2. 基本部分

（1）游戏：小兔练本领

①游戏“小兔采蘑菇”，练习双脚行进跳的动作。

②游戏“小兔拔萝卜”，巩固双脚行进跳的动作。

（2）游戏：帮鸡妈妈运砖

①小兔子真能干，请小兔子用双脚行进跳的方法，帮助鸡妈妈运砖，一次运一块砖。

②天快黑了，要求小兔子用双脚行进跳的方法，继续帮助鸡妈妈运砖，一次要运两块砖，逐步增加难度。

3. 结束部分

小兔子真棒，帮鸡妈妈搬了很多砖，快回家休息吧！

案例十二

小熊猫学本领

活动目标

1. 锻炼幼儿绕过障碍快速手膝爬的能力，发展幼儿身体的协调性。

2. 提高幼儿的方向感和手脚配合的灵活性。

3. 培养幼儿关爱他人的良好品质。

活动准备

垫子、板块、红布、蘑菇、小草、竹子、铃鼓等。

活动过程

1. 开始部分

（1）准备活动：教师边念儿歌边带领幼儿活动身体，练习手膝爬的动作。

（2）导入活动：今天小熊猫跟着妈妈一起练本领，看看谁的本领大好不好呀？

2. 基本部分

（1）游戏：跟着小鼓爬爬爬。

①老师用慢的节奏敲击铃鼓，幼儿根据听到的慢节奏练习手膝爬。

②老师用快的节奏敲击铃鼓，幼儿根据听到的快节奏练习手膝爬。

（2）游戏：小熊猫吃竹子

①幼儿练习绕过障碍快速手膝爬。

②幼儿练习持物绕过障碍快速手膝爬。

（3）游戏：帮助熊奶奶

幼儿巩固绕过障碍快速手膝爬。

3. 结束部分

放松活动，老师带领幼儿做上肢和下肢的放松运动，并感谢小熊猫关心熊奶奶。

案例十三

球宝宝真有趣

活动目标

1. 幼儿能身体协调地和球宝宝做游戏。

2. 能积极主动参加体育活动，萌发幼儿的创造意识。

活动准备

大皮球、小皮球、圈、小棍、绳、地板块。

活动过程

1. 开始部分

（1）准备活动：幼儿跟随音乐活动身体。

（2）导入活动：今天，老师带来了很多球宝宝和小朋友一起做游戏，请你选一个最喜欢的球宝宝吧。

2. 基本部分

（1）和自己选的球宝宝一起玩游戏。

提问：怎样和球宝宝一起玩？看谁能和球宝宝玩出好玩的游戏。

①鼓励幼儿积极参与，用多种方法和球宝宝玩游戏，丰富幼儿玩球的方法和技能。

②简要总结幼儿与球宝宝做游戏的方法。

（2）利用辅助材料和球宝宝做游戏。

①请幼儿在圈、绳、小棍、地板块这几种材料中，选择其中一种材料，和球宝宝一起做游戏。

提问：哪些材料能和球宝宝一起玩？

②幼儿自主选择游戏材料，鼓励幼儿想出和别人不一样的方法玩球。引导幼儿尝试使用不同的辅助材料，丰富幼儿的体验，利用材料萌发幼儿初步的创造性潜能。

3. 结束部分

放松身体，自然结束。

案例十四

能干的小猫

活动目标

1. 能够控制身体、迅速灵活地钻爬，并能想出多种方法负重爬行。

2. 体验爬行运动带来的乐趣，感受帮助别人的快乐。

活动准备

1. 大号可乐瓶若干当作玉米，用塑料积木搭一个牛伯伯的家。

2. 用带布篷的拱形门和垫子布置三个山洞。

3. 平衡木三条，用跳绳摆成三条宽50厘米的小沟。

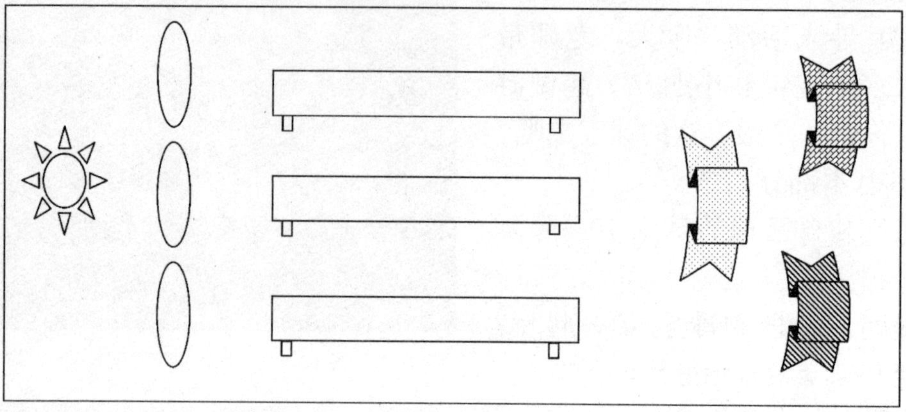

注：代表牛伯伯的家，代表小河，代表独木桥，代表山洞。

活动过程

1. 开始部分

（1）“小猫舞”热身。教师扮猫妈妈，小朋友扮小猫。请小猫找一个看得见妈妈的地方，和妈妈一起随着音乐做小猫的动作。重点活动手腕、脚腕、膝盖和肩关节。

（2）教师：牛伯伯种了许多玉米，现在玉米丰收了，牛伯伯可高兴了。可是要把玉米运回家要经过三个矮矮的山洞，牛伯伯太高了爬不过去，它想请小猫帮助它运送玉米，你们愿意吗？（激发幼儿帮助他人的愿望）

2. 基本部分

（1）探索运送玉米的多种爬法。

①提问：山洞这么矮，怎么能把玉米运送过去呢？

请幼儿每人取一根玉米，带着问题进行初次探索。提示幼儿：要用手膝爬的方法通过。

②集中展示：分别请方法好、速度快的幼儿展示过不同山洞的动作，交流自己的感受和经验。例如，用手拿着玉米爬过去、用头顶着玉米爬过去、抱着玉米爬过去、用膝盖推着玉米爬行等。

（2）运用新办法帮牛伯伯运送玉米。

①将平衡木和小沟分别摆在山洞的后面，教师向幼儿介绍场地及要求。

——小猫每次运送一根玉米，一共运送三次。

——每次要选择一条不同的山洞爬过去，然后走过独木桥，再跨过小山沟，把玉米放在牛伯伯的家里，迅速跑回来。

②教师从中指导那些方法单一、速度较慢的幼儿。

3. 结束部分：放松身体，体验成功的喜悦。

（1）教师："牛伯伯特别感谢小猫，还夸小猫既爱动脑筋又爱帮助别人，真是一个懂事、能干的小猫。牛伯伯在家煮玉米呢，邀请我们小猫一会儿去它家吃玉米，我们歇一会儿就去吧！"

（2）教师带领幼儿做放松运动：轻拍四肢、轻摆头、互相捶背。

案例十五

小 蚂 蚁 搬 家

活动目标

1. 在活动中能够双手控制球的运动方向过障碍，发展幼儿上肢运动能力。
2. 体验集体游戏的快乐。

活动准备

1. 材料准备：大滚球每人一个，拱形门、地板块、水瓶若干。
2. 经验准备：幼儿尝试过推滚球的活动。
3. 场地布置，见下图。

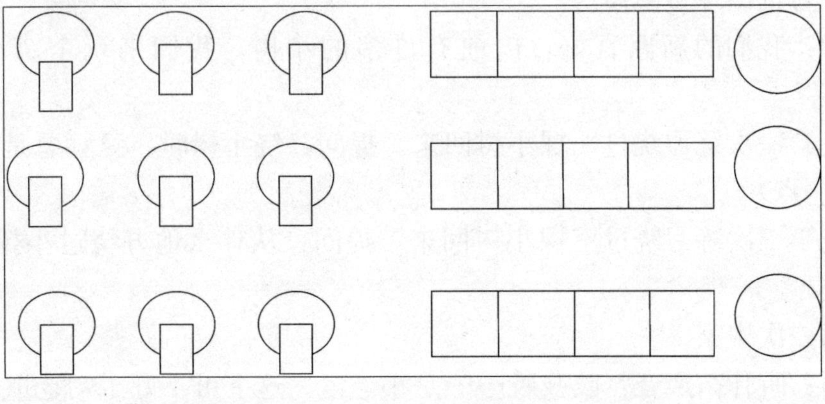

注：▢ 代表小树，▭▭▭▭ 代表小河，○ 代表豆豆。

活动过程

1. 开始部分

（1）表演《小蚂蚁》的歌舞，激发幼儿活动的兴趣。

（2）幼儿与教师一同做准备活动：小蚂蚁力气大，伸伸胳膊力气大；小蚂蚁点点头，伸伸触角点点头；小蚂蚁弯弯腰，拍拍肚子弯弯腰；小蚂蚁蹲一蹲，扭扭屁股蹲一蹲；小蚂蚁伸伸腿，伸完左腿伸右腿；小蚂蚁跳一跳，拍拍小手跳一跳。

2. 基本部分

（1）找到豆豆运回家

①教师：今天我们也来做小蚂蚁，玩运豆豆的游戏，哪儿有豆豆呢？赶快找一找！

②教师带领幼儿在草地上找到豆豆。

③教师带领幼儿复习双手交替推滚球的方法，将豆豆运到家门口。

（2）搬家游戏

①第一次搬家

教师：我们的家离小河太近了，河水会把我们的家淹没的，住在这里太不安全了。我们得搬家，搬到河对岸去。

提问：小河怎么过？小蚂蚁不会游泳，从哪里过河呢？（小桥）

小桥很窄，要走在小桥的哪里比较安全，不会掉下来？（走在中间）

讨论：让豆豆也要走在中间，我们的小手推豆豆的时候，就要向什么方向推呢？

幼儿推豆豆过河，到蚂蚁新家。教师提升总结直线推球的方法。

②练习推滚球过障碍

教师：我们的新家真好，门前有许多的小树，我们来玩个绕小树的游戏吧！

幼儿第一次练习绕过一棵小树回来。提问：绕小树时，豆豆总是乱跑怎么办？（慢一点）

幼儿第二次练习绕过三棵小树回来。提问：从什么地方绕过小树？（从旁边绕过去）

③第二次搬家

教师：听什么声音？吱吱吱……是小老鼠。这下可不好了，老鼠也爱吃豆豆，要是被他发现我们家里有这么多的豆豆，她会来偷吃的。我们还要搬家，搬到一个离这里比较远的地方吧！

教师：我们要搬到小树林的对面，现在小树增多了，小蚂蚁要小心，不要碰倒小树。（小树增加到六棵）。

幼儿推豆豆过小树林，到蚂蚁新家。教师提升总结曲线推球的方法。

3. 结束部分

（1）教师：我们的新家真好呀，又安全又美丽！我们都搬了一天的家了，休息会儿吧！

（2）教师：天亮了，小蚂蚁和妈妈出去玩会吧！带上我们的豆豆，要是饿了就可以吃。

幼儿推豆豆过树林，推过小河。幼儿在那里玩一会儿，吃豆豆。

（3）放松身体，游戏结束。

案例十六

小熊找朋友

活动目标

1. 持物练习平衡，提高幼儿的平衡能力。

2. 幼儿初步体验拥有朋友的快乐。

活动准备

1. 物质准备：用乌龟壳十六个、直平衡木两条、弯平衡木两条搭成三条不同的路，自制大小布包、硬纸板，露露瓶、酸奶盒、毛绒玩具若干，用拱形门分别作为三个小动物的家。

2. 场地布置，见下图。

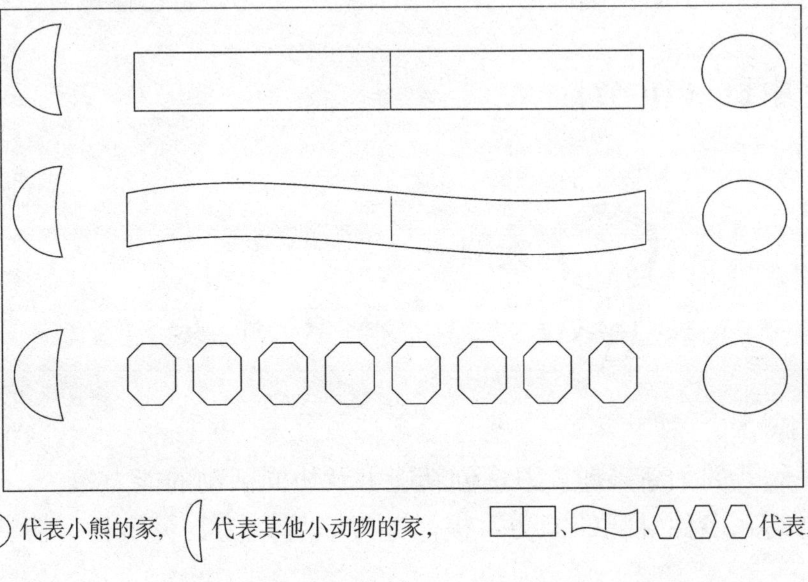

注：代表小熊的家，代表其他小动物的家，、、代表三种小桥。

活动过程

1. 开始部分，激发幼儿兴趣。（教师扮演熊妈妈，幼儿扮演小熊）

（1）今天天气真好，小熊们，我们出去找好朋友玩好吗？看看对面的朋友是谁？

（2）熊妈妈带小熊做热身活动。

2. 基本部分

（1）游戏：小熊找朋友

①教师带着幼儿走过不同小桥，先后来到三个小动物的家。小动物送给小熊不同的礼物。

②请幼儿拿着礼物，走过小桥回到自己的家。

讨论：怎样拿着礼物过小桥又稳又安全？

（2）游戏：我给好朋友送礼物

提问：你觉得走哪座小桥最有意思？为什么？

教师：刚才动物朋友们都送给我们礼物了，现在我们也给动物朋友送些礼物好吗？

请幼儿自己选择小桥，并将礼物送给自己喜欢的小动物朋友。

活动中教师要提醒幼儿小心，并不断地鼓励幼儿。

3. 结束部分

（1）今天小熊真能干，交到了那么多的好朋友，还给朋友们送了礼物，动物朋友们都说谢谢小熊。

（2）我们和动物朋友说再见吧！回家休息一会儿，自己捶捶背、拍拍腿。

（二）中班（16个）

案例一

小兔花样跳

活动目标

1. 激发幼儿的创新兴趣，锻炼创新能力及协同活动的能力。

2. 发展幼儿多种跳跃的能力，提高速度、弹跳力、灵敏性、协调性等运动素质。

活动准备

1. 材料准备：健身圈、跳绳、小棍、软包、板块、木板、酸奶盒。

2. 场地布置：按不同材料难易结合摆成七组，代表不同的小路。

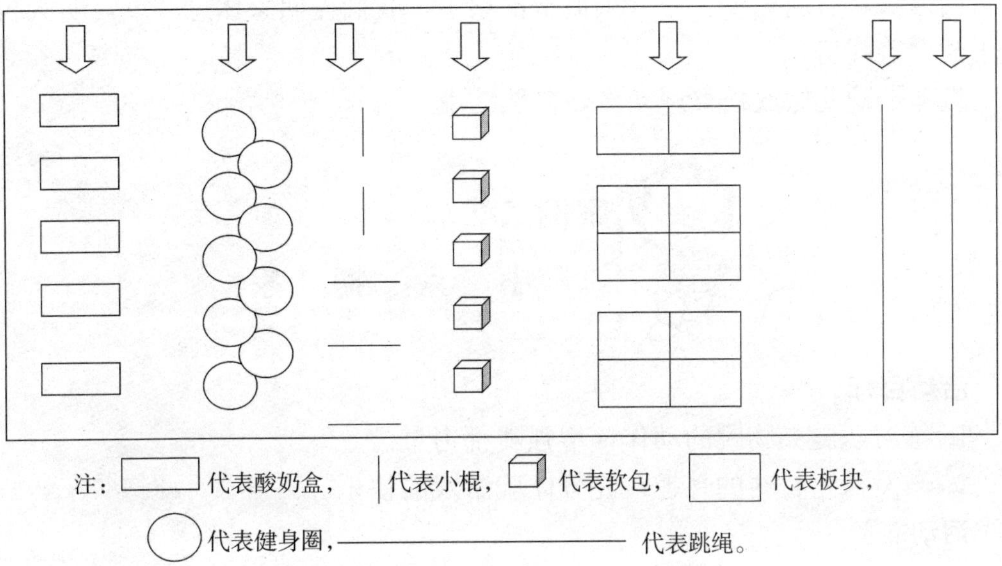

3. 经验准备：幼儿掌握多种跳的方法，如单双脚行进跳、单双脚左右行进跳、立定跳、跨跳等。

活动过程

1. 开始部分

（1）准备活动：教师扮演兔妈妈角色，幼儿扮兔宝宝，做各种跳的动作，活动身体。

（2）导入活动：幼儿自由探索跳跃动作，教师鼓励幼儿创造出各种姿态的兔跳动作，请跳得有特色的幼儿进行表演。

2. 基本部分

（1）游戏：过小路

①请小兔子尝试用自己的跳跃方法过小路，可以请跳得有特点的幼儿示范，如双脚左右行进跳、双脚开合跳、侧身双脚前后行进跳、单脚左右行进跳、跨跳、立定跳等。

②合作探索跳跃动作：请幼儿两人一组探究跳的方法，要求身体不分开一起过小路，如两人面对面手拉手侧身行进跳、两人前后搭肩双脚行进跳、两人并排手拉手单脚行进跳等。

③教师观察指导并小结，对能力强的组增加速度上的要求。

④请兔宝宝合作，跃过小路，帮森林里的小动物运回盖新房的材料。

3. 结束部分

小结：森林里的小动物非常感谢小兔子帮它们带来了盖新房用的材料，这样它们很快就有新家了。今天小兔子都累了，我们先回家休息一下，明天再来帮小动物盖新房。

教师带幼儿做放松整理动作，自然结束。

案例二

小 兔 搬 家

活动目标

1. 练习双腿夹物跳的动作，增强腿部力量。

2. 激发探索材料的兴趣，充分体验游戏的快乐。

活动准备

布包、狼和兔子的头饰、地板块、木棒、跳绳、积塑块、箱子、平衡板、瓶子、木板等。

活动过程

1. 开始部分

（1）准备活动

教师：天亮了，起床了。兔宝宝们和妈妈一起到外面活动活动吧。

（2）导入活动：练习双腿夹物跳

提问：兔宝宝们，小兔子有一个很棒的本领，你们知道是什么吗?

2. 基本部分

（1）盖房子

①教师：咱们的房子是用什么盖的啊？妈妈给你们准备了许多材料，你们用什么材料都可以。

②教师：你们盖房子的时候，可以一个人盖一个，也可以和你的小伙伴一起盖一个。

③教师：你们先找好自己的家要盖在什么位置，然后再去取材料。（取材料的时候别拿太多，要注意安全）

（2）幼儿操作，教师个别指导

①请每组小朋友说一说自己搭的房子。

②教师：兔宝宝，你们搭得可真好，特别好看，这回大灰狼可找不到咱们了。那一会儿咱们把萝卜运到你盖的新家里去。

③提问：刚才你们是用双腿夹着跳的，还可以夹在什么位置？用你想的办法把粮食运回你们的新家吧！运完的兔宝宝来找妈妈。

3. 结束部分

教师带着幼儿一起去看搭的新家，做放松活动，自然结束。

案例三

皮　球　过　桥

活动目标

1. 通过引导幼儿与各种球进行互动，使其充分感受利用球做各种动作的乐趣。

2. 在充分体验的基础上，启发幼儿利用多种材料创造性地搭建玩球的辅助设施。

活动准备

大小、软硬不同的皮球，沙包、布包、体操垫、饮料瓶、易拉罐、纸箱、大积木、平衡木、塑胶块、小圆墩若干。

活动过程

1. 开始部分

（1）准备活动：听音乐做动作，进行运动前的身体调整和热身。

（2）导入活动：引导幼儿观察老师提供的球类，请幼儿选择自己喜欢的一种球。

分散活动：请幼儿用自己喜欢的方法玩球，初步体验玩球的快乐。

集体游戏：鼓励幼儿在初步体验后根据老师的提示创造性地用多种方式运动。

提示1：看谁能让球跑得远远的！

提示2：看谁能和球一起跑得快快的！

2. 基本部分

（1）搭建活动

①提问：谁能让球快快滚过桥？

让球滚过平衡木后再提问：为什么球过不去？为什么会掉下来？

②启发操作：请小朋友给皮球搭一座它容易过的桥。

③介绍材料：将可用的材料介绍给幼儿，请幼儿自由选择。

（2）操作活动

幼儿在场地中自选材料、自愿结伴进行搭建活动。教师适时指导，及时给幼儿以支持和帮助。

3. 结束部分

引导幼儿参观和尝试搭好的“桥”，利用搭好的“桥”进行“皮球过桥”的比赛。

案例四

小 小 救 助 队

活动目标

1. 能选择适宜的材料搭建小桥。

2. 能合作持物走平衡，在活动中能发现问题解决问题。

3. 体验合作及帮助他人的快乐情感。

活动准备

1. 材料准备：大型器械、自制小担架（幼儿两人一副）、医院的标志（一个）、拱形门（一个）、垫子（两到三块）、人偶、纸砖、平衡木、平衡板、木板、墩儿、大小积塑块、塑料板凳、乌龟壳、轮胎等。

2. 经验准备：幼儿有搭建的经验。

活动过程

1. 开始部分

（1）准备活动

教师情景导入：救助队员们，在训练之前咱们要先做什么？

（2）导入活动：进入游戏角色，引出救助队走平衡的本领。

2. 基本部分

（1）第一次过桥

①提问：今天我们救助队主要练习的是走平衡的本领，你们看到了什么？（小

河）河上有什么？（桥）我们怎么过桥才会安全，不掉进水里呢？（眼睛向前看，胳膊打开要伸直，一个一个跟着走，不拥挤）

②幼儿过较宽的平衡木，教师观察指导。

（2）第二次过桥

提问：如果在救援的路上，有一条小河挡住了我们的去路，我们怎么过去呢？救助小队员们快想想办法？（搭桥）

教师指导幼儿用活动材料搭建小桥。

①幼儿分组合作，自选材料，持物过第一座小桥。

②幼儿合作搭小桥，教师分组指导（进行小结评价）。提问：怎样才能把小桥搭得又快又结实？

③幼儿练习过四组不同的小桥。

（3）第三次过桥

教师：救助队员们，你们可真棒，如果在救援中遇到了伤得很重的人，要用什么工具来抬伤员？（担架）

①出示担架，学习抬担架的基本知识。提问：担架应该怎么抬？（两个人一前一后抬）

幼儿抬空担架走平衡，幼儿两人一组。

提问：抬担架过桥怎样注意安全？两个人抬担架过桥和自己过桥有什么不一样？（两个人的速度要一样，还要配合好）

②幼儿抬装了材料的担架

提问:如果要是在高处救人的话,两个人怎样配合才能又快又稳地救助伤员呢?

③训练结束，教师进行小结，提升幼儿经验。

（4）游戏：救助小队员

①设置新情景（接到求助电话），引出幼儿救助伤员的行动。

②我们是救助小队员

指导幼儿在活动时加强自我保护意识，两人抬担架过桥时要平稳，速度一致。提出救助要求：每组每次只救助一个伤员，并放到医院的病床上。

3. 结束部分

教师小结，再次提升幼儿经验。数一数救助了多少人，体验成功的喜悦情感。放松运动，自然结束。

案例五 神奇的大口袋

活动目标

1. 尝试用大口袋玩跳和滚的游戏，增强身体的协调性和灵活性。

2. 体验大口袋游戏带来的乐趣，感受集体游戏的快乐。

活动准备

材料准备：大箱子、大口袋每人一个、水瓶树、垫子、包、怪兽头饰两个、自制龙头一个。

活动过程

1. 开始部分

（1）准备活动：听音乐做准备活动

动动头、动动肩、肩绕环、胳膊绕环、胳膊伸展、体侧、膝绕环、蹲起、压腿、手脚腕活动、跳跃、整理踏步。

（2）导入活动

教师用神秘的口吻出示材料——大口袋，并发给每位幼儿一个。大家尝试像小袋鼠一样跳一跳。

2. 基本部分

（1）小袋鼠过树林

①教师带领幼儿一起模仿小袋鼠到树林里玩。

②集合，让幼儿想一想：说一说在树林里遇到大灰狼时，有什么好办法保护自己。

③听铃鼓声辨认大灰狼是否出现，并练习用大口袋保护自己，将自己的身体藏在大口袋里。

（2）游戏：打怪兽

①接到任务

大口袋现在变成了护身服，在不远处有两只大怪兽，你们敢不敢接受任务去打败它？

②交代任务要求：士兵演习

试一试怎样穿过阵地，才能保护好自己安全穿过阵地。

教师：一定要把自己的身体隐藏起来，不能让任何人看见，到达阵地对面以后，赶快脱下护身服回来找我啊！

③打怪兽

教师：每人将一个炸弹装在自己的护身服里，安全穿过阵地后，要站在封锁线后打怪兽，这样才安全。如果打不到怪兽，可将炸弹装得多一些，打的时候要用力一些！

教师：怪兽被打倒在地，取得胜利，大家一起欢呼！给自己鼓掌吧！

④小结：感谢我们的大口袋护身服保护了我们的身体。小士兵们个个都很棒，圆满地完成了任务，快给自己鼓鼓掌吧！

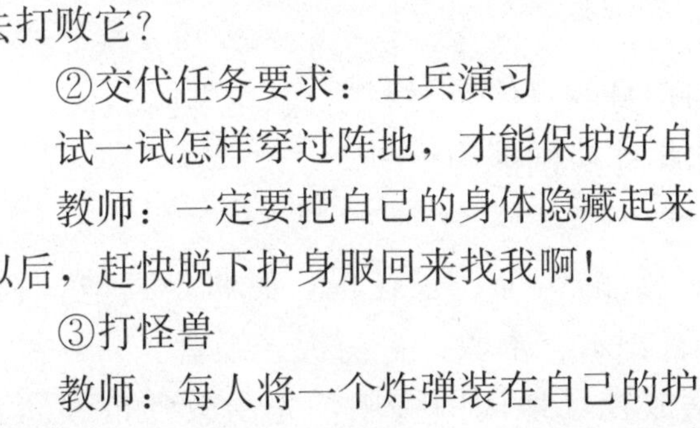

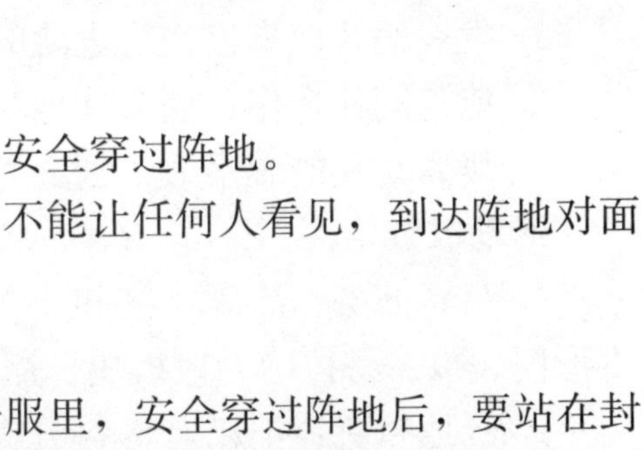

3. 结束部分：放松游戏“舞龙”

（1）提问：怎样才能让龙身子紧紧地连在一起呢？（举过头顶，上下左右摇、转圈走）

（2）要求龙的身体要一一连接起来，中间不能断开。

（3）舞龙往前走，活动自然结束。

案例六 聪明的小兔

活动目标

1. 发展幼儿双脚夹物行进跳的能力。

2. 能与同伴合作，创造性地利用自身的身体及材料扮演、搭建树林。

3. 培养幼儿的观察力、创造力和集体协同能力。

活动准备

1. 材料准备：故事《狼和小羊》、狼的头饰、录音机、磁带，其他材料：拱形门、包、易拉罐、地板块、瓶子、积木、木墩、平衡板、纸盒。

2. 场地布置：把以上材料分类摆放在场地周围待用，先由教师带领幼儿进入游戏场地。

活动过程

1. 开始部分

（1）准备活动

教师：小朋友，你们听一段音乐，听听是谁来了。（教师启发带领幼儿创编各种兔跳动作，活动四肢）

（2）导入活动

教师：今天我们都是聪明的小兔子，看谁跳的动作与别人不一样。前两天我们听过《狼和小羊》的故事，你们最喜欢故事里的谁？为什么？（引出小羊自己扮小树躲过老狼的活动）

2. 基本部分

（1）双脚夹物跳

教师：家里的粮食已经没有了，妈妈要带你们去找点东西吃，如果路上遇

到老狼怎么办？（引导幼儿讲出要像小羊一样扮小树）怎样才能像一棵真正的大树呢？（幼儿用身体摆出各种大树的造型）

教师向幼儿提出运粮食的要求：双脚夹物（沙包）连续跳把粮食运回家，途中粮食不能掉。运粮时，小兔们用自己的身体组成树林躲过老狼，把粮食用脚夹着运回家。

（2）造树林，激发幼儿游戏兴趣

①教师：你们感觉用身体扮大树安全吗？用什么扮大树最安全？（引出探索用材料搭建树的方法）

②认识材料，提问：用什么材料，该怎样搭？要注意什么？

③幼儿自愿组合搭建树林。

④搭建后提问：你最喜欢哪棵树？为什么？

（3）再次运粮食

双脚夹物运粮时，小兔们藏在搭建的树林里躲过老狼，把粮食运回家。

3. 结束部分

（1）夸奖小兔既聪明又能干。

（2）幼儿表达喜悦的心情，听音乐跳小兔舞。

案例七

我是小小运动员

活动目标

1. 幼儿初步了解搭建比赛场地的规则并进行搭建活动，培养幼儿的合作能力。

2. 练习跳、平衡的基本动作，发展幼儿动作的灵活性和协调性。

活动准备

1. 材料准备：板块、积塑、纸箱、水瓶、跳绳、平衡板、平衡木、木板、泡沫、木墩、椅子、录音机等。

2. 场地布置，见右图。

活动过程

1. 开始部分

（1）准备活动：听音乐做韵律操，活动全身。

（2）导入活动：我们要在班里选出最优秀的运动员参加运动会，比赛项目是跨跳和走平衡。（激发幼儿自己搭建比赛场地的愿望）

2. 基本部分

（1）讨论比赛的规则和场地要求。

①比赛规则：两组队员比赛，人数一样，比赛内容一样，要有起始线和终止线，赛道材料一样，距离要一样。

②引导幼儿分两组，分别搭建跨跳和平衡比赛场地。

③分组讨论适合本组搭建材料有哪些，怎样搭建最安全。

（2）幼儿分组搭建运动场地

①幼儿分组结伴选择材料按规则进行搭建。

②教师巡视，发现搭建中的问题，及时引导幼儿调整。

（3）幼儿在搭建好的场地上进行比赛

①幼儿在本组场地中听口令进行比赛。

②幼儿自由选择场地与同伴进行比赛。

（4）总结经验

①哪个比赛场地搭建得好？为什么？

②总结：要按规则搭建又安全又适宜的比赛场地。在练习过程中，根据自己和同伴的需要随时调整材料。

3. 结束部分

跟随音乐做放松运动。

案例八

红 布 变 变 变

活动目标

1. 幼儿能够利用一条红布开展一物多玩的集体活动。

2. 通过一物多玩活动发展幼儿的大肌肉力量和多种动作的协调性，以及与同伴协同动作的能力。

活动准备

一条红色长布，律动操音乐。

活动过程

1. 开始部分

（1）准备活动：听律动操的音乐，跟老师一起做全身准备活动，活动身体。

（2）导入活动：出示大红布，以神秘的口吻问幼儿：它像什么啊？

2. 基本部分

（1）变成红地毯

①教师：红地毯可以怎样玩？（爬）

②请幼儿根据自己的喜好，进行不同的爬的活动，教师在旁边指导。

（2）钻桥洞

①教师："红地毯"变成了一座有两个桥墩的小桥，可以怎样玩？

教师带领幼儿快速钻桥洞，激发幼儿的兴趣。

②教师：怎样让桥洞变多？——加桥墩，请一部分幼儿当"桥墩"，另一部分幼儿钻小桥，要求用自己喜欢的方式钻。

③幼儿互换角色进行游戏。

（3）捕鱼

①请幼儿边休息边听老师讲解游戏规则。

在规定的区域——小池塘内，小鱼自由地游来游去，两位老师手拿红布作捕鱼人，说“开始捕鱼”就开始用红布圈小鱼，小鱼在不出池塘的情况下躲渔网，被捕到的小鱼到旁边休息，其他小鱼继续游戏。

②重复玩“捕鱼”的游戏

3. 结束部分

利用长布做开火车的游戏，幼儿骑在红布上，开车回家。

案例九

巧　玩　报　纸

活动目标

1. 利用废旧报纸一物多玩，探索利用多种辅助材料与报纸玩游戏。
2. 鼓励幼儿大胆探索、尝试，体验一物多玩的乐趣。

活动准备

旧报纸、圈、轮胎、拱形门、球门、纸棒、篮球架等。

活动过程

1. 开始部分

（1）准备活动：听音乐活动身体各部位，重点活动上肢及手腕。

（2）导入活动：出示报纸，引起幼儿兴趣。

提问：小朋友，你们看这是什么呀？（报纸）报纸可以怎么玩？

2. 基本部分

（1）报纸游戏（报纸的一物多玩）

①教师：小朋友，你知道利用报纸可以玩哪些游戏吗？

②幼儿自由玩报纸。

（2）鼓励幼儿利用报纸玩出新花样。

①引导幼儿利用报纸的可变性，延伸出不同的玩法。

②幼儿互相展示并介绍报纸的玩法。

（3）利用材料和报纸玩游戏，引导幼儿正确运用辅助材料和报纸一起玩。

①教师：这有这么多材料，你能用报纸和这些材料一起玩游戏吗？

②幼儿自选喜欢的材料和报纸一起玩。

3. 结束部分

（1）经验分享：互相介绍自己的玩法。

（2）放松全身，自然结束。

案例十

翻滚游戏真好玩

活动目标

1. 能够熟练掌握侧身翻滚的动作要领，有自我保护意识。

2. 能够根据翻滚游戏的特点，创造出新的游戏。

活动准备

1. 材料准备：垫子若干、大红布一块、轮胎若干、平衡板若干。

2. 场地布置：幼儿创造性搭建。

活动过程

1. 开始部分

准备活动：进行热身运动，重点练习上肢、腰部和下肢的动作。

2. 基本部分

（1）复习侧身翻滚的动作要领

①侧身翻滚的时候身体应该是什么样的？

②我们已经学会翻滚的动作了，现在我们比一比谁滚得最快。

（2）搭建游戏场地

①想一想翻滚游戏在什么地方玩能够滚得很快？

②幼儿开始搭建斜坡。

（3）尝试游戏

①下坡的时候速度很快，我们要注意保护自己的什么部位？怎么做才能又快又安全？

②幼儿再次在斜坡上练习翻滚。

3. 结束部分

跟着音乐放松身体，自然结束活动。

案例十一

帮 小 熊 修 路

活动目标

1. 培养幼儿的创新能力，能合理地运用多种材料组合搭建不同的小路，提高幼儿发现问题解决问题的能力。

2. 帮助幼儿巩固爬、钻、平衡、曲线跑等基本动作。

3. 培养幼儿的合作意识与合作能力。

活动准备

拱形门、平衡木、垫子、平衡板、瓶子、大包、小熊的家。

活动过程

1. 开始活动

（1）幼儿跟着教师听《健康歌》做热身操。

（2）教师：森林里的小熊病了，没粮食吃怎么办？（引发幼儿产生为小熊送粮食的愿望）可是通往小熊家的路还没有修建好，怎么送呀？（引发幼儿为小熊搭建小路的愿望）

2. 基本部分

（1）教师向幼儿介绍通往小熊的家要经过草地、小河、树林、山洞。请幼儿讨论：你想用什么材料搭建小路，为什么？并请幼儿共同讨论搭建的起点和终点。

（2）教师提出要搭建三条小路的建议，请幼儿自愿分成三组。每组幼儿共同讨论用什么材料、如何设计路线和如何分工搭建小路。

（3）商讨完后每组实施各自的设计方案，进行搭建活动。教师鼓励幼儿搭建不同的小路。

（4）搭建完后，请每组幼儿自己试试通过自己搭建的小路，找到搭建中的不足及不合理的地方，进行调整。

（5）幼儿各组间交换，走一走别的组搭建的小路，帮他们找出搭建不合理的地方并提出解决的办法。

3. 结束部分

（1）为小熊送粮食，每人取一个大包代表粮食，通过自己组搭建的小路送到小熊的家。

（2）教师代表小熊谢谢小朋友，并表示等小熊病好后请小朋友到小熊家做客。

案例十二

多变的纸箱

活动目标

1. 开动脑筋，运用纸箱玩各种游戏，进行多种动作练习。

2. 喜欢与同伴合作进行游戏。

活动准备

1. 每人一个里面装满物品的牛奶纸箱，注意不要太重。

2. 教师制作平衡区、双脚跳区、跨跳区、爬行区、单脚跳区、投掷区的标志。（画一个做该动作的简易人，贴在泡沫地板块上即可）

活动过程

1. 开始部分——奶箱热身操

教师带领幼儿在音乐的伴奏下，每人拿一个奶箱进行双手上举、下托、下蹲、左右拍打、跳上盒子、跳下盒子等准备动作。

2. 基本部分

（1）盒子真好玩

①教师：今天我们用纸箱来帮助我们锻炼身体，谁能想出特别的玩法？

②幼儿自由探索纸箱的各种玩法，教师请方法独特的幼儿展示自己的玩法，如双脚跳过、骑在纸箱上行进、手提跑、头顶走等方法。教师要及时给予表扬和肯定。

（2）设计盒子活动区

①引导幼儿讨论：如果我们用纸箱来布置我们平时玩的体育活动区，都可以布置什么区？怎么玩？

平衡区：将纸箱摆成小桥进行平衡练习。双脚跳区：将纸箱间隔 80 厘米左右，练习双脚连续跳。跨跳区：将纸箱间隔 1.5 米左右，练习跨跳。爬行区：将纸箱摆成弯弯曲曲的小路，练习手脚爬。单脚跳区：将纸箱立着间隔 60 厘米左右，练习单脚绕纸箱跳。

②3～5 名幼儿自由结伴，选择一个活动区的标志，然后进行布置，并协商布置方案、尝试玩法，对不合适的地方进行调整。

③集中幼儿，介绍每个活动区的玩法及规则，然后让幼儿自选活动区进行游戏活动。

3. 结束部分

（1）幼儿听音乐自由做放松活动。

（2）教师对幼儿动脑筋、想出了很多盒子的新玩法进行表扬和鼓励，并提出新问题：“还有哪些平时我们用过的废旧物可以拿到活动场来玩？”请小朋友平时注意收集这些废旧物。

案例十三

奇妙的洞洞

活动目标

1. 尝试运用身体动作和各种材料大胆设计不同造型的洞。

2. 能够运用合适的钻法钻洞，提高身体的协调性和灵敏性。

活动准备

塑料积块、泡沫地板块、塑料圆圈、各种盒子、纸棒、硬纸板、垫子、大纸箱等。

活动过程

1. 开始部分

（1）请幼儿每两人拉成一个圆圈，随音乐作圆圈操，进行热身活动。重点活动腰部和膝关节的灵活性。

（2）教师：请小朋友找一找身上有什么洞洞？它们是什么？

2. 基本部分

（1）尝试用身体做洞洞

①教师：我们的身体可以做洞洞吗？怎么做？

请幼儿尝试用自己的身体做洞洞。如双手、双脚同时撑地形成洞洞、双膝跪地双手撑地形成洞洞、一手单侧撑地形成洞洞、双脚用力分开形成洞洞等。

②教师：你想钻洞洞吗？请你找一个好朋友，一个人变洞洞、一个人钻洞洞。想想用什么方法钻洞洞呢？两个人可以互相交换角色玩游戏。

请幼儿两人一组，一人做洞洞，一人钻洞洞。教师注意指导幼儿用多种方法钻各种洞洞，如正面钻、侧面钻等。

③教师：你们刚才用身体做了什么样的洞洞？又是用什么方法钻过洞洞的？

请幼儿两人一组来示范、交流，教师引导幼儿总结经验。

（2）尝试运用材料设计洞洞

①教师：刚才我们用身体变出了这么多的洞洞，今天老师还准备了些材料，请你们用这些材料来设计洞洞，好吗？

教师介绍材料，提出安全要求。请幼儿2～3人结成一组，自选材料、协商合作搭建洞洞。完成洞洞后，幼儿尝试钻洞洞的多种方法。

②教师：请每组小朋友选一名代表，说说你们设计的洞洞的独特的地方，比如用了什么材料，用什么方法钻过去的？

请幼儿边示范边介绍，教师帮助幼儿提升经验。

③幼儿自选洞洞钻来钻去，提醒幼儿注意爱护洞洞，不要推挤同伴。

3. 结束部分

（1）教师从幼儿在活动中的合作、创意、参与等方面进行评价，注意激发幼儿持续设计洞洞的兴趣。

（2）与幼儿一起收拾活动场上的材料。

案例十四 去郊游

活动目标

1. 能够动作协调地完成跑、跳、钻、爬、平衡、攀登等动作。

2. 能遵守游戏规则，体验团队合作及成功的快乐。

活动准备

1. 在活动场上布置六个运动区。

平衡区：平衡木、平衡跷跷板、轮胎等。钻爬区：垫子、拱形门、泡沫地板块等。跨跳区：纸箱、小板凳。双脚跳区：大布包、塑料圆圈。单脚跳区：水瓶、塑料积木。小型玩具区：小滑梯、小型攀登架等。

2. 在场地四角分别设置四个不同颜色的铁桶，将四件宝物（自制或现成的玩具大苹果、千纸鹤、毛毛熊、纸船等）藏入铁桶中。

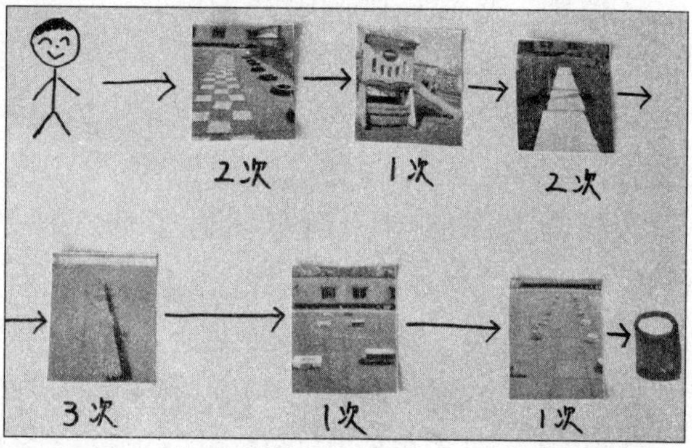

3. 活动前，在班中开展一次设计郊游路线图的活动，让幼儿根据场地材料的摆设设计四条游玩顺序不同的路线图（如右图），幼儿自由组合成四个小队，选出小队长。

4. 每名幼儿准备一个小书包，里面放一瓶水，一块小毛巾。

活动过程

1. 开始部分，随音乐进入郊游情境。

（1）听音乐《一同去郊游》，随着音乐活动身体各部位。

（2）教师：昨天我们设计了郊游路线图，今天我们去郊游吧！小朋友背好小书包了吗？（激发幼儿的兴趣）

2. 基本部分

（1）准备出发

①幼儿分小队研究地图。

教师：请每个小队的小队长随意抽取一张郊游地图，和小队成员一起说说自己小队的郊游路线、行走的顺序，都要越过哪些障碍？玩几遍？

注意提醒幼儿“还有宝物呢！可别忘记找宝物哟”，教师到各小队指导，了解幼儿是否能正确理解地图要求。

②教师向幼儿提出注意安全的要求，发给每个小队长一个哨子。

教师：请小队长照顾好自己的队员，遇到危险就吹哨请求老师的帮助。小队员也要和集体一起行动，不能随便乱跑。

（2）背上书包去郊游

①教师：各小队准备好了吗？

在幼儿准备好的情况下，教师有激情地下令：“出发”。

②幼儿跟随小队长，按地图指示先后越过平衡区、钻爬区、跨跳区、双脚跳区、单脚跳区、小型玩具区，最后按地图指示找到宝物为胜利。教师注意保护幼儿安全，提醒幼儿按地图指示活动。

3. 结束部分，庆祝郊游、寻宝活动胜利完成

（1）教师：今天在大家的共同努力下完成了郊游活动，还找到了宝物，你们说说都找到什么宝物了？（大苹果、千纸鹤、毛毛熊、纸船等）

（2）请小朋友从小书包里拿出小毛巾擦擦汗，拿出水瓶喝点水。休息休息放松身体，互相捶捶背，拍拍腰、腿、胳膊等部位。

案例十五

四　色　花

活动目标

1. 初步掌握手膝爬的动作要领。

2. 通过游戏发展跳跃、侧滚、钻的能力。

活动准备

1. 材料准备：录音机、音乐磁带、轮胎、垫子、平衡板、拱形门、“四色花”人手一朵。

2. 场地布置：用以上材料布置四条有小河、山坡、草地的路线。

活动过程

1. 开始部分

小朋友和教师一起跳热身舞使身体各部分活动开。

2. 基本部分

（1）介绍场地

①爬山坡，请幼儿观察垫子高度的变化。

启发幼儿想一想，怎样使身体保持平衡。

②跳小河（教师提醒不能掉进小河里）

复习：膝盖弯曲、双臂前后摆动、用力蹬地向前跳。

③侧身滚草地（教师提醒，身体不要出垫子）

复习：滚前要躺正，身体用力向侧翻滚，注意保持平衡。

（2）幼儿练习

①幼儿分组进行练习，分别在自己所选的路口练本领，跳过小河，爬过山坡，侧身滚过草地。教师巡回指导。

小结：表扬过山坡时动脑筋的幼儿。

②教师鼓励幼儿在没练过的路口行进，有意识提高幼儿的各种能力。

（3）游戏：寻找四色花

教师：现在，我们已经练好了本领，可以去找四色花了。

让幼儿排成四队，跳过小河，手膝爬过山坡，侧身滚草地，手脚爬过山坡，最后都钻过山洞，分别找到四色花后，按原路返回，拍一下后面幼儿的手，下一个幼儿出发。

3. 结束部分

让幼儿讲一讲，你想用四色花帮助别人干什么。

案例十六

小 麻 雀 找 食

活动目标

1. 幼儿学习从高处往下跳的技能，要求动作安全轻松自然。

2. 培养幼儿动作的协调性和灵敏性。

3. 培养幼儿运用多种材料进行创造性活动的能力。

活动准备

1. 活动材料：麻雀头饰、小虫、录音机和磁带、小椅子、城堡积木、小圆墩、垫子、皮轮胎、平衡木、木制积木等。

2. 场地布置：将小椅子等材料四散摆在操场上。

活动过程

1. 开始部分

(1) 幼儿扮小麻雀，教师扮麻雀妈妈，听音乐四散地在场地中飞。

(2) 听音乐活动身体。

“飞过高山，飞过小河”，(上肢运动模仿鸟飞)“飞累了，找东西吃”，(体转运动找食)“找到了，小麻雀吃虫了”，(下蹲吃虫状)“吃饱了，高兴地跳起舞来了”。(扑扑翅膀转圈)

2. 基本部分

(1) 幼儿探索练习，教师巡视指导。

每位幼儿自由选择一棵树作为自己的家，从小椅上跳下来，边跳边摸索怎样又轻又稳地跳下来。

(2) 个别幼儿示范，教师启发引导。

①教师请2～3位幼儿站到前面示范给全体幼儿看：妈妈看见××跳得真好，现在我们看看他是怎样往下跳的。

②教师示范，幼儿观察讨论。

教师示范讲解，并请幼儿一起参与讨论，要求：两只脚并拢，一蹬，轻轻地跳下来。

③幼儿自由练习，教师个别指导。

全体幼儿按照教师的要求，自由地选择树练习，活动路线不限。提示语：我们可以跳自己的树，也可以跳别人的树。教师重点辅导和鼓励能力弱的幼儿。

④幼儿选择各自的目标练习，教师随机指导。

教师出示高低不一的椅子，引导孩子选择自己喜欢的高度往下跳，用以满足那些能力较强的幼儿的需求。

(3) 师幼共同游戏，提高幼儿的活动兴趣。

教师介绍旁边的其他材料，鼓励小麻雀自己搭建自己的家。教师注意引导幼儿体验不用材料的不同特性。

3. 结束部分

教师撒小虫，幼儿四散在地上捉虫，捉完虫跟着教师飞回教室。

提示语：今天小麻雀的表现真棒。你们吃饱了吗？该回家了。让我们把虫带回家吧！

（三）大班（16个）

案例一 好玩的大红布

活动目标

1. 幼儿喜欢参加体育活动，能利用大红布开展集体的一物多玩活动。

2. 幼儿的大肌肉力量和多种动作得到锻炼，学会与同伴合作。

活动准备

10米长、1.5米宽的横幅布一条，轻松的音乐。

活动过程

1. 导入部分

（1）幼儿听音乐跟老师做准备活动，活动全身各部分。

（2）出示红布，提问：大红布的形状像什么？可以用来玩什么游戏？

2. 游戏活动

（1）初步感受红布的多种玩法

①引导幼儿看一看红布长长的，像什么。

②请幼儿一起拿起红布做“风吹小河起波浪”游戏。（微风、小风、大风、狂风）

（2）游戏开始，教师引导幼儿玩钻的游戏

①引导幼儿讨论：我们要用红布来玩钻山洞的游戏，可以怎样钻呢？

②提问：钻山洞的时候要注意什么？怎样才能钻到头？

③请两位幼儿撑好洞口，教师示范一次钻法。

④请幼儿说说老师是怎样钻的，启发幼儿尝试。

（3）初步尝试钻山洞

①请幼儿尝试钻一次。

②教师引导幼儿讨论钻的时候要钻到头应该注意什么。

③继续尝试。

（4）多种玩法尝试

①教师请幼儿讨论：红布还可以怎样玩，做什么游戏?

②按照幼儿讨论的方法进行尝试。

3. 结束部分

做放松运动，结束活动。

教学建议

1. 开展红布多玩活动时要引导幼儿运用材料的特点，开展与其他材料玩法不同的游戏。

2. 重点引导幼儿在钻爬活动中要弯腰，并用双手撑开布，注意方向。

3. 全体幼儿利用一个大型的材料开展一物多玩活动会增加游戏的乐趣。一条大红布，材料准备既方便又安全，操作简单易行，玩法创新空间很大。

（1）当“小河”：练习幼儿上肢振臂运动和双脚跨跳。

（2）当“山洞”：练习钻爬。

（3）当“马车”：骑着走。

（4）当“渔网”：练习快速跑和躲闪跑。

（5）当“粮食”：练习蹲走。

案例二

我会创编游戏

活动目标

1. 能主动探索创建新的游戏规则，并在游戏中加入器械和废旧材料。

2. 喜欢玩体育游戏，能理解并遵守较复杂的规则，动作灵活协调。

3. 会与同伴协商，能说出自己的想法，接受同伴的建议。

活动准备

拱形门、小墩、塑料圈、平衡板、饮料瓶、纸箱、地板块、轮胎、猫头饰。

活动过程

1. 开始部分

（1）准备活动

听老师口令做全身性准备活动。

（2）导入活动

复习修改过规则的游戏“切西瓜”。

2. 基本部分

（1）复习游戏“猫捉老鼠”

①幼儿进一步感受游戏规则的复杂性、挑战性。

②幼儿在游戏中能自主加入器械和废旧材料，体验自主摆放材料改编游戏的乐趣。

（2）游戏“小鱼和水草”，创建新规则

①教师：怎样使游戏更好玩、动作更多样？

②引导幼儿加入器械和废旧材料丰富游戏。

③幼儿运用新规则和器械材料试玩游戏，进一步对规则和材料的使用进行完善。

3. 结束部分

①让幼儿说一说还有什么游戏可以通过修改和增加材料从而变得更好玩，为延伸活动作准备。

②放松活动，幼儿跟老师一起做放松活动，自然结束。

案例三

跳的花样多又多

活动目标

1. 尝试多种跳法，发展幼儿下肢力量和动作的灵活性。

2. 通过自主选择材料建构区域游戏环境，培养幼儿的合作精神，让幼儿体验活动的快乐。

活动准备

1. 材料准备：师幼共同收集的积塑块、积木、塑料板、木墩、轮胎、皮筋、地板块、可乐瓶、油桶、纸箱、沙包、球、垫子、跳绳，画有双脚跳、单脚跳、跳水、向后跳、跨跳、跳绳这六种跳区的标志牌。

2. 场地说明：材料分类摆放在场地周围待用，先由教师引导幼儿自愿分组，选择搭建不同跳区的场地，选好后插上区牌，幼儿搭建好场地后进行跳的练习。

活动过程

1. 开始部分

（1）准备活动

听音乐跟随老师做律动《可爱的袋鼠》，活动全身。

（2）导入活动

教师：小朋友，你们知道有哪些跳的方法吗？（双脚跳，单脚跳，跳水、向后跳，跨跳，跳绳）有这么多方法，那要把每一种跳法都练一练，又不让小朋友之间互相干扰，谁来想个好办法？（引出自己搭建“跳”的体育活动区，然后按照六种不同的跳，分区练习）

2. 基本部分

（1）讨论分区的方法

①教师：怎样才能让小朋友知道这是什么区呢？（标志牌）

②引导幼儿认识老师准备好的各区标志牌。（不同跳的标志）

③教师：每种跳区需要的场地不同，跨跳区要助跑，场地应选什么样的？从高往下跳的区选什么地方比较安全？下面我们一同来确定每一个区的位置。

（2）鼓励幼儿与同伴合作，选择相应的材料建构游戏区

①老师：在设置区域之前要想好，你设计的是什么跳区，选什么材料合适。

②幼儿结伴按自己选择的跳区选材料。

（3）幼儿在自己建构的游戏区中练习跳

①幼儿分组选择材料进行搭建。

②教师巡视，发现搭建中的问题，及时引导幼儿调整。

③幼儿在自己搭建的区域中练习跳。

（4）师幼共同总结活动经验

①让我们把每个区的跳法都试一试。

②哪个区跳的花样最多，都可以怎么跳？

③哪个区最有意思？为什么？

④请小朋友自己选择喜欢的区、喜欢的跳法试一试。

（5）活动延伸

①教师取来一个皮球进行投篮。

②提问：你们知道这叫什么跳？

③你们想想还有哪些跳法，下一次活动我们再来玩吧。

3. 结束部分

幼儿之间相互拍拍腿，进行放松活动。

案例四

我搭障碍练跨跳

活动目标

1. 利用多种材料搭建不同难度的障碍物，体验自主游戏的快乐。

2. 练习各种跨跳动作，发展下肢力量和动作的灵活性。

活动准备

1. 材料准备：师幼共同收集各种废旧材料，包括积木、塑料板、绿积木、木墩、轮胎、地板块、大可乐瓶、大纸盒、大沙包。

2. 场地说明：用皮筋套在两把椅子上搭一个障碍，让幼儿进行跨跳练习。

活动过程

1. 开始部分

（1）准备活动

幼儿跟随音乐节奏跳《快乐的小鹿》韵律操，活动身体。

（2）导入活动

今天我们继续练习跨跳，引出幼儿主动建构游戏环境。老师用两把椅子和皮筋搭了一个障碍，请小朋友利用老师搭的障碍物练习跨跳。

2. 基本部分

（1）启发幼儿自己想办法，建构游戏环境，进行游戏活动。

①请小朋友谈谈自己跨跳时的感觉：“你们跳起来时感觉我搭的障碍物怎么样？”

②鼓励幼儿大胆运用多种材料进行建构活动。

教师介绍材料（请幼儿说说有哪些材料），引发幼儿讨论如何运用材料搭建活动环境。

教师提出操作活动的要求，幼儿自主选择材料在规定的区域内自由搭建。在搭建中，教师引导幼儿发现问题自己解决问题。

③幼儿在自己搭建的障碍中练习跨跳。

（2）总结操作活动中的经验。

①教师带领幼儿一起跨跳有特点的障碍物。

②提问：你觉得哪个障碍物搭得好？为什么？

③请幼儿自己选择喜欢的障碍物练习跨跳。

3. 结束部分

教师：我们小朋友又聪明又能干，搭出了自己喜欢的障碍物，并且学会了许多解决问题的方法，现在我们休息一下，做做腿部放松活动。

放松活动，自然结束。

案例五

我们爱运动

活动目标

1. 学习搭建运动场地，初步培养幼儿的合作能力。

2. 练习跳、平衡的基本动作，发展幼儿动作的灵活性和协调性。

活动准备

板块、积塑块、纸箱、水瓶、跳绳、平衡板、平衡木、木板、泡沫、木墩、椅子、录音机等。

活动过程

1. 开始部分

(1) 准备活动

幼儿听音乐跟随老师做全身运动。

（2）导入活动

教师：告诉你们一个好消息，我们幼儿园要召开春季运动会了。我们班的运动项目是跳和平衡，我们怎样才能取得好成绩呢？（激发幼儿自己搭建跳和平衡两个训练场的愿望）

2. 基本部分

（1）商讨搭建训练场

①引导幼儿分两组搭建跳和平衡训练场地。

②分组讨论：适合本组的材料有哪些？怎样搭建不会影响别人？

（2）幼儿分组搭建运动场地

①幼儿结伴选择材料进行搭建。

②教师巡视，发现搭建中的问题，及时引导幼儿调整。

（3）幼儿在搭建的运动场地上进行动作训练

①幼儿在本组场地中进行动作练习。

②两组幼儿互换场地进行动作练习。

（4）总结经验

①你们在练习过程中感觉哪个材料搭建的场地好？为什么？让我们一起来试试吧。

②总结：要根据动作来选择又安全又适合的材料搭建场地。在练习过程中，根据自己的需要随时调整材料的摆放。练习跨跳时，障碍物越高，助跑距离就要越长。练习连续跨跳时，各组障碍物之间要保持适宜的距离。

3. 结束部分

跟随音乐做律动《我爱洗澡》，放松全身。

案例六

快乐的运水队员

活动目标

1. 懂得在平衡游戏中站稳后再行进。

2. 能够持物走平衡，发展身体协调能力。

活动准备

水瓶、平衡板、平衡木、轮胎、大滑梯。

活动过程

1. 开始部分

（1）准备活动：听口令做动作。

（2）导入活动：进行走平衡木过障碍的练习，知道在走平衡木的时候要注意什么。

2. 基本部分

（1）修建小桥

每组选择自己需要的材料搭建小桥。

（2）游戏开始

①登小山：每组沿着自己修建的小桥登上小山（滑梯）。

②运送一个水瓶

教师：工人叔叔很辛苦，他们需要咱们小朋友帮忙，想请小朋友将山上的水运到山下去，每个人走过平衡桥，到山上取一瓶水，走回来。想一想，你要怎样才能更安全的从“小山”上下来，你的水瓶可以怎样拿着更安全。路上要注意安全，千万不要掉下小桥。

③运送两个水瓶

教师：小朋友们可真棒，工人叔叔说谢谢你们，你们真有爱心。不过山上的水瓶很多，你们能不能一次拿两瓶水呢？这次你要选择不同的路运水，路上注意安全。

3. 结束部分

我们小朋友又聪明又能干，还帮助了别人。让我们拍拍腿，揉揉肩，大家一起将水瓶运到运输公司去。

案例七

有趣的双人游戏

活动目标

1. 通过游戏提高安全意识及自我保护能力。

2. 喜欢两人三足走的游戏，尝试双人跨越障碍走，提高同伴间相互合作的能力。

活动准备

1. 材料准备：红丝带若干、大鞋若干、酸奶盒若干、乌龟壳若干、地板块四个、圆锥（标志物）四个。

2. 场地布置，见下图。

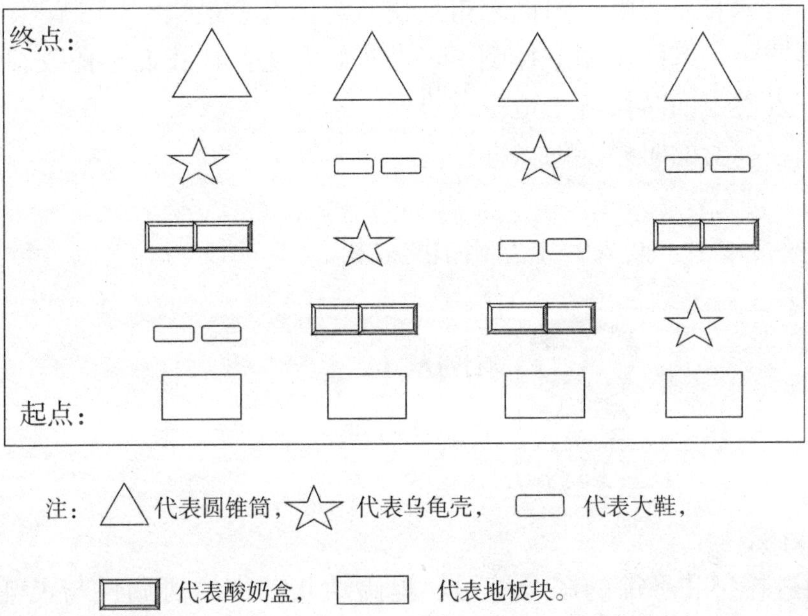

活动过程

1. 开始部分

(1) 准备活动：两人一组进行双人准备活动（如：拉手、压肩、伸展、压腿）。

(2) 导入活动：复习两人三足的游戏，引发幼儿的活动兴趣。

2. 基本部分

(1) 帮助幼儿认识材料，了解材料的难度

①幼儿分别进行讨论：大鞋、酸奶盒、乌龟壳这三种材料要怎么跨过去，哪种材料更难?

②根据幼儿的讨论，分别利用这三种材料进行尝试，找到更适合、更快、更安全的方法。提示：在活动中不摔倒。

(2) 引导幼儿利用三种不同的材料搭建场地

①用练习时摆放材料的方法进行搭建。

②搭建场地要公平，难度一致。

(3) 游戏开始

①尝试：每组先进行一次练习，在练习中发现问题，看一看怎样能走得又快又安全。

②比赛：每组都站在起点处，开始比赛，比一比哪组能够又快又安全地到达终点。

③提问："看一看哪一组回来得最快？为什么会最快？"

"在比赛中，有的小朋友摔倒了，谁有好办法，让我们不摔跤。"

"你们发现走的时候哪个地方最难？"

"我们在拐弯的时候要怎么办？"

3. 结束部分

将红丝带解下，两人一组互相拍腿放松。

案例八

小 熊 斗 怪 兽

活动目标

1. 通过投掷和平衡的综合练习，提高幼儿动作的协调性与灵活性，发展身体的平衡能力。

2. 在活动中不断丰富投掷的经验，体验成功和合作的快乐，从而提高幼儿对体育活动的兴趣，培养其坚强、勇敢的意志品质。

活动准备

1. 小熊头饰若干；怪兽模型 5 个；平衡板若干；平衡木若干；小椅子若干；大小沙包若干；纸砖若干；奖品区。

2. 场地布置，见下页图。

活动过程

1. 开始部分

(1) 准备活动

教师导入：小熊们，我们一起跑跑步好不好？

(2) 导入活动

讲故事《小熊斗怪兽》，引出小熊走独木桥和掷炸弹的练习。

2. 基本部分

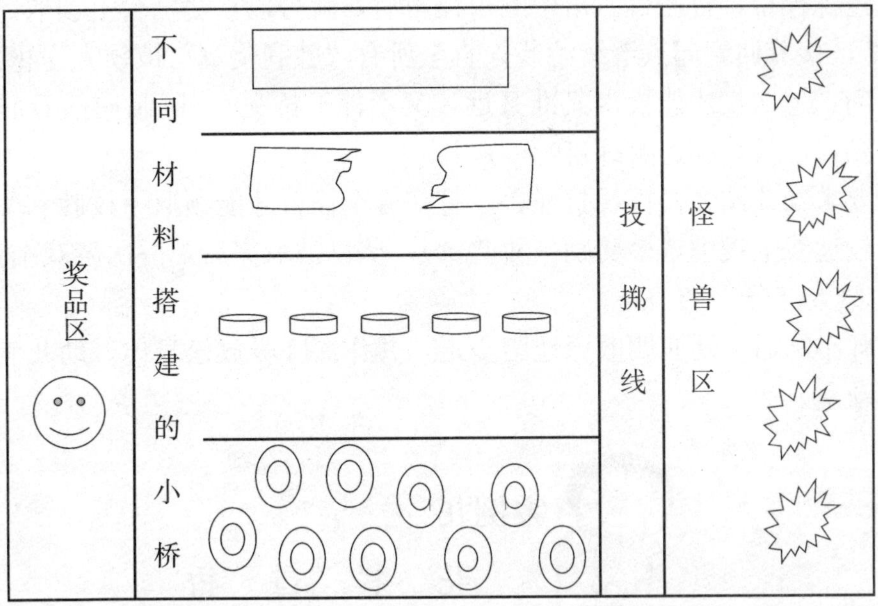

注：代表奖品区，、、、代表不同的小桥，

代表怪兽。

（1）练习掷炸弹的本领（学习肩上挥臂投掷动作）

①幼儿自主选择大小、轻重不一的沙包进行练习。

②教师引导幼儿站在距离不同的位置上进行练习。

③幼儿自由选择目标——怪兽进行练习。

（2）练习过桥的本领（提高身体的平衡能力）

①站在平衡板或平衡木、小椅子上做各种动作，尽量保持身体平衡。

②走独木桥。

③走断桥。

④合作玩平衡。

（3）游戏：小熊斗怪兽

①设置新情境，引出小熊斗怪兽的行动。

提问：小熊要学会什么本领才能战胜怪兽呢？（小熊要学会走独木桥和掷炸弹两个本领）

②游戏规则：每个幼儿手执炸弹，

自由通过各种桥，打怪兽。击中五个怪兽后，就可以从奖励台上领取一枚“胜利奖章”，接着回到起点继续游戏，直至所有“胜利奖章”被领完为止。

提问：怎么投才能投得又准又远，又不掉下桥呢？（眼睛向前看胳膊要举高，使劲往前投，脚还要踩稳）

③要求幼儿站在投掷线打怪兽。打完五个怪兽才能领取一枚胜利奖章（站在距离较远线上投中者多奖励一枚奖章）。奖章被取完后，一次游戏结束。

3. 结束部分

教师小结后，幼儿四散原地踏步走，并作深呼吸放松身体。幼儿满载着奖章回活动室。

案例九

花　样　过　桥

活动目标

1. 能运用已有的运动技能过小桥，锻炼自身的平衡能力和身体协调性。

2. 敢于克服困难，发展创造性思维能力。

活动准备

1. 材料准备：宽窄不同的平衡木 4～5 种，各种辅助材料：包、球、圈、羊角球、沙桶、轮胎等。

2. 场地布置，见下图。

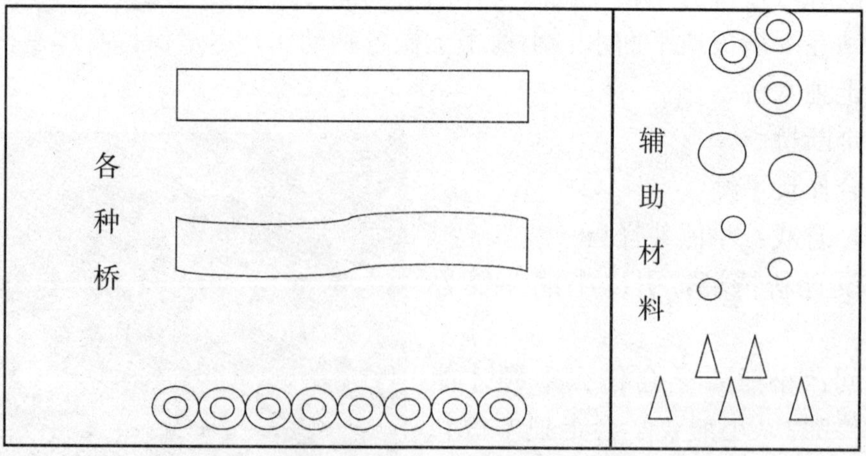

注：◎代表轮胎，○代表球，△代表沙桶，○代表包。

活动过程

1. 开始部分

（1）准备活动

幼儿跟随音乐节奏做准备活动。

（2）导入活动：花样过桥

①老师：今天，老师给小朋友搭了几座小桥，想请你们去走一走。

②幼儿分别走小桥。

③小结老师：刚才，老师看见小朋友都是直立着身体正面走过小桥的。现在请小朋友想一想，小桥除了可以走着过去，还可以用什么方法过小桥？看看谁能想出过小桥的新花样来。

④幼儿各自尝试过小桥的新方法。教师注意引导幼儿把自己原有的运动经验迁移到小桥上，如蹲走、侧身走、单脚跳、双脚跳、匍匐爬等。

2. 基本部分

（1）游戏：运货过桥

①老师：刚才，老师看见小朋友用各种各样的方法过小桥，现在请小朋友帮助老师解决一个难题。你们看，小桥的这一边有这么多货物，老师想把它们运到小桥的那一边，你们愿不愿意帮助老师？请你们用刚才过小桥的新方法把货物运过小桥吧。

②幼儿用新方法过小桥。老师观察并及时引导幼儿敢于尝试，敢于创新，鼓励幼儿之间互相学习。引导幼儿在花样过桥的基础上，想办法用身体的某一部位协助把货物运过桥。

提示：运货过桥时要注意安全，自己和货物都不能掉下桥。

③游戏：小桥接力赛

幼儿分成两组，利用两个相同的小桥和羊角球进行小桥接力赛，将活动推向高潮。

3. 结束部分

（1）放松身体，自然结束。

（2）活动延伸

老师：刚才在过小桥时，我发现有两个小朋友从小桥的两端同时上桥，请小朋友回去想一想，如果你遇到这种情况会怎样办，才能既让两个小朋友交换位置继续过桥，又不会从桥上掉下来。下次活动时，我们再来讨论并尝试解决这个问题。

案例十 能干的搬运工

活动目标

1. 尝试在各种道路上用绳子运轮胎，增强身体的灵活性和稳定性。
2. 在活动中敢于尝试，不怕困难，能体验成功的喜悦。

活动准备

1. 材料准备：轮胎、绳子、水瓶、平衡木、平衡板、积塑块等。
2. 场地布置，见下图。

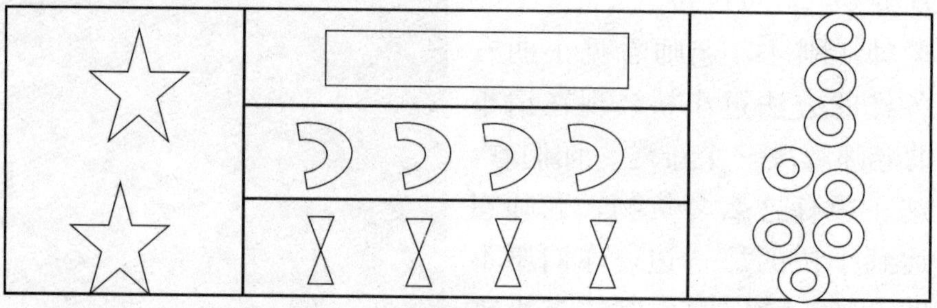

注：☆代表汽车修理厂，▭代表平衡木，⊃代表拱形门，⧗代表水瓶，◎代表轮胎。

活动过程

1. 开始部分

（1）准备活动

听音乐做全身运动，重点活动手腕及上下肢的大肌肉动作。

（2）导入活动

教师引出情景：有一个汽车修理厂，他们的轮胎用完了，现在急需一批轮胎。工人叔叔想请小朋友帮忙，把咱们的轮胎运到修理厂。但是，去修理厂的路坏了，我们在运轮胎之前要先把路修好，然后再用我们今天的新材料、新方法，把轮胎安全地运到修理厂，你们能完成任务吗？

2. 基本部分

（1）修路

①幼儿分成三组搭建通往修理厂的路。

②鼓励幼儿利用不同的材料搭建不同的路。

（2）挑战活动：运轮胎

①幼儿按自己的意愿选择道路，往修理厂运送轮胎，教师注意观察引导。

②幼儿在挑战环节中，往往会因为掌握不好拐弯的位置，在拉轮胎走曲线的时候轮胎会碰倒标志物，因此教师可在这一环节中重点引导幼儿在什么位置拐弯更适合。

③鼓励幼儿用多种方法将轮胎运到修理厂，如手拉绳子运轮胎、从肩膀上拽着绳子运轮胎、把绳子套到腰上运轮胎、将绳子斜挎在肩上运轮胎等。

（3）鼓励幼儿三种道路都要尝试

①引导幼儿用身体的各部位拉动轮胎。

②引导幼儿在不同的道路上采用最适合的运轮胎的方法。

3. 结束部分

（1）请幼儿说一说刚才运轮胎时的感受，以及不同的路线需要注意的问题。提问：你是怎样把轮胎运到修理厂的？

（2）放松运动，自然结束。

案例十一

好玩的轮胎

活动目标

1. 喜欢玩轮胎，在活动中敢于尝试不怕困难，积极表达自己的看法。

2. 尝试用绳子拉轮胎，增强幼儿的大肌肉力量和身体的协调性。

活动准备

轮胎、绳子、录音机、音乐磁带等。

活动过程

1. 开始部分

（1）准备活动

听音乐做全身运动，重点活动手腕及上下肢的大肌肉。

（2）导入活动

引导语：请你们每人拿一个轮胎，可以自己玩也可以与小朋友合作玩。看谁的玩法最新颖！

2. 基本部分

（1）幼儿自由玩轮胎

①幼儿人手一个轮胎，按自己的意愿玩轮胎。提问：轮胎可以怎么玩？还有什么新玩法？

②幼儿介绍自己的玩法，鼓励幼儿边说边演示。

（2）拉轮胎

引导语：刚才老师满足了小朋友的愿望，现在也要满足小轮胎一个愿望。小轮胎想再请一个游戏材料和自己一起玩，你们愿意帮助小轮胎吗？

①出示绳子，提问：怎样用绳子帮助轮胎动起来？

②幼儿人手一根绳子，尝试多种方法，用绳子帮助轮胎动起来。鼓励幼儿尝试用身体的各个部位借助绳子拉轮胎，“试一试还可以用身体的哪些部位拉动轮胎？”

要注意的是，在活动之前，教师应该引导幼儿学会系绳子，这样，在活动中幼儿会很快地将绳子系好，避免在这一环节耽误时间。

3. 结束部分

（1）幼儿介绍自己的方法和需要注意的地方。

（2）放松全身，自然结束。

案例十二

皮 球 钻 山 洞

活动目标

1. 能在一定范围内手眼协调地推滚皮球，锻炼幼儿的臂力、腕力及推物的准确性。

2. 能用不同材料搭山洞，主动探索材料的有效利用方法，乐于探究。

活动准备

皮球、积塑块、板块、水瓶、垫子、拱形门、短板等。

活动过程

1. 开始部分

（1）准备活动

听音乐活动身体各部位，重点活动上肢及手腕。

（2）导入活动

①教师提供一个拱形门，请幼儿将球推滚钻过拱形门。

②增加难度，教师提供两个拱形门，请幼儿继续尝试推滚皮球，引导幼儿发现山洞越多越好玩。

2. 基本部分

（1）幼儿自己搭建山洞。

①请幼儿自由分组，小组协商并选择材料，每组搭建三个山洞。

提示：搭山洞时应该注意什么？应该怎样搭？什么样的山洞才能让皮球顺利通过？

②在搭建时探索不同材料搭建山洞的方法，以及山洞搭建的大小、高矮和搭建位置等。

提示：山洞要搭在同一条线上，以便皮球能顺利通过。幼儿可根据山洞的大小、山洞搭建的位置及自己推滚球的准确性调整推滚起点。

（2）再次尝试“皮球钻山洞”。

①鼓励幼儿尝试将皮球推滚过三个连续的山洞，引导幼儿在推滚皮球时注意手腕的力度和用力的方向。如有不能通过的，应找出原因，及时进行调整。

②师幼一起分别尝试各组山洞滚过球的效果，还可评出最佳山洞、最佳建筑师、最佳推滚球员等。

3. 结束部分

（1）经验分享：请每组幼儿介绍本组尝试探索后的感受和体验。

总结经验：推滚皮球时应该注意什么？

（2）放松全身，重点是放松上肢及手腕，自然结束。

案例十三

小猴滚球过隧道

活动目标

1. 能将皮球推滚出较长的隧道，同时能正面钻出隧道。

2. 乐于与同伴协作，增强动作的准确性和身体的灵活性。

活动准备

1. 材料准备：皮球（人手一个）、录音机、音乐磁带。

2. 较宽敞的活动场地。

活动过程

1. 开始部分

（1）准备活动

①教师：今天，老师扮猴妈妈，小朋友们扮小猴，我们一起做游戏好吗？先跟妈妈一起跳个欢乐舞吧！

②幼儿听音乐跟随教师跳欢乐舞，模仿小猴的动作，活动身体各部位。

（2）导入活动：滚球向前走。

①幼儿每人一个球，各自在场地上边走边滚球。

②教师巡视指导，让幼儿不要走得太快，不要碰到同伴。

2. 基本部分

（1）小猴滚球过隧道。

教师讲解游戏规则。

①搭隧道：幼儿分成两队，每队分为两组，相对站立，两脚分开，两手搭住对方双肩，上体前倾，做成“隧道”。

②游戏开始：第一对小猴把球滚进隧道，随即两人依次钻进隧道，当球滚过隧道后，两人将球在隧道

内滚回，然后两人也搭成隧道。排头一对幼儿接球后立即向隧道内滚球，然后重复第一对小猴的动作。游戏依次进行，直至最后一对小猴滚完球钻出隧道。

（2）教师随时提示注意事项并指导游戏，根据幼儿的实际情况确定比赛的次数。

提示：

①搭隧道的两排幼儿距离要尽量大一些。

②滚球过隧道前可先练习拿着球钻隧道。

③滚球时引导幼儿看准方向，手腕用力推球，以便皮球能够顺利钻过隧道。

④搭隧道的幼儿要保持隧道的稳定性，不要晃动，提醒幼儿之间要注意合作。

3. 结束部分

（1）让幼儿发表自己对游戏的意见，教师根据幼儿的问题进行讲评。

（2）幼儿人手一球，边放松边离开场地。

案例十四

勇闯鳄鱼潭

活动目标

1. 能与同伴合作，合理地运用多种材料搭建不同组合的小桥。

2. 能较好地保持身体的平衡，尝试多种方法走过有障碍的平衡木。

活动准备

1. 平衡木、平衡跷跷板、板凳、小圆墩、轮胎、塑料积木块、木板或硬纸板、布包等。

2. 用两条蓝色皱纹纸条布置一条宽四米左右的小河。

活动过程

1. 开始部分

（1）教师与幼儿随着音乐《热闹的动物园》模仿不同动物的动作，活动身体，重点活动腰部、手腕、脚腕及腿部。

（2）教师：森林里昨天晚上下了一场大雨，河上的小桥被冲坏了。小动物们过不了河了，这可怎么办呀？（激发幼儿自己动手搭建一座小桥的愿望）

2. 基本部分

（1）分组修建小桥

①幼儿分成三组，运用已有的材料搭建不同的小桥。搭好后每组幼儿在自己搭建的桥上走一走，发现问题及时调整。

②小结：请每组幼儿选一个代表介绍自己小组搭建的小桥的不同之处，并示范小桥的走法。

③幼儿自由练习，运用新方法分别尝试不同的桥的不同走法，说一说自己是怎么又快又安全地走过小桥的，如双手要平举、踩在小桥的中间走、速度不要太快等。

（2）游戏“勇闯鳄鱼潭”

①教师：小动物们搭的桥真棒，一会儿我们要走过小桥到河对岸取果子（布包代替）回来。可是河里有一条大鳄鱼游来游去的（另一名教师扮演），所以小动物们过桥时一定要小心，千万不要掉到河里被鳄鱼吃掉了。

幼儿出发进行初次尝试。

②小结：说一说自己是用身体的什么部位把果子运回来的，如用手拿、用胳膊夹、用头顶等。鼓励幼儿再去取果子时可以运用身体的其他部位多运回几个果子来。

3. 结束部分

（1）教师：今天的小动物们真能干，修了桥还运回了这么多的果子。而且，小动物们还特别勇敢，连鳄鱼都不怕。我们回去吃果子吧！

（2）听一段舒缓的音乐，随音乐放松：晃晃手臂、抖抖腿、轻轻摆动身体、摆摆头等。

案例十五

花 样 平 衡 木

活动目标

1. 通过多种材料发展幼儿的平衡能力和动作的协调能力。

2. 启发幼儿开动脑筋，互相协商合作，自选材料搭建平衡木，发展幼儿的观察力和创造力。

活动准备

平衡木（宽、窄两种）、积塑块、小墩（乌龟壳）、小凳、短木板、大块积木、平衡板、沙包、瓶子、油桶、塑料圈、障碍标、羊角球、轮胎、拱形门、小椅子等。

活动过程

1. 导入主题，带领幼儿做准备活动。

教师：在奥运会上，我们国家的女子体操运动员在平衡木的比赛中夺得过很多的金牌，她们能在窄窄的平衡木上完成很多优美而且难度很大的动作，这都和运动员们的刻苦训练分不开的。今天，老师准备了几个平衡木，咱们也来练一练吧。

2. 组织幼儿练习走过宽窄不同的平衡木，并加上简单的腿部和上肢动作。

(1) 介绍游戏材料的名称、种类。

(2) 教师提问：

①这些平衡木有什么不一样的地方？

②你们认为哪种平衡木最好玩？

3. 幼儿分组寻找材料搭建，每四个人一组搭建一个平衡木。

教师重点提醒幼儿，若有些材料不够结实，可两个或者更多叠在一起搭建。

4. 幼儿练习走平衡木，每组幼儿先练习自己组的平衡木，再练习其他组的平衡木。

幼儿互评：说一说哪组的平衡木搭得最好玩？为什么？

教师提问：你们刚才玩的平衡木中，哪个最有意思？为什么？

5. 幼儿用教师提供的材料为平衡木增加难度，并且相互交换练习。

6. 教师：老师为你们准备了一些其他的材料（瓶子、沙包、塑料圈、羊角球等），看看你们是不是能把这些东西运到对面去。

7. 活动自然结束。

案例十六

勇敢的小兵

活动目标

1. 练习匍匐爬进动作，增强四肢肌肉力量，发展身体协调能力。

2. 能够遵守纪律，不怕困难，坚持到底。

活动准备

垫子、板块、彩虹桥、布篷、椅子、皮筋、铃铛。

活动过程

1. 开始部分

(1) 准备活动：教师带领幼儿做准备活动。（扩胸、下蹲，活动手脚腕、膝关节等）

(2) 导入活动：引导幼儿学习解放军的动作

教师：解放军叔叔特别精神，今天我们也向解放军一样来运动运动！

2. 基本部分

(1) 引导幼儿搭建场地，完成任务。

情景导入，分组搭建：我们在故事里讲到解放军在完成任务时先爬过草地，再爬过山坡，最后爬过山洞，今天我们也做一次解放军去完成任务。按我们分好的两组，顺着障碍标的方向搭草地、山坡，还有山洞。

(2) 幼儿分组布置场地，并尝试通过，最后说一说自己是用什么方法通过这些地方的。(手膝爬、手脚爬、倒退爬、侧身爬)

(3) 设置难关，尝试新动作

引导：敌人知道我们很顺利、很快地通过了这条路，于是他们给我们设置了一个难关，请你们想办法通过草地上的电网，通过之后想一想你是用什么姿势通过的。

幼儿尝试通过，并说一说是怎样通过的。

(4) 总结动作要领

通过时头要低，身体也要低，特别是屁股和脚不能翘起来，要紧贴着垫子，还要用两个手臂用力向前爬。(匍匐爬)

(5) 游戏：完成新任务

引导：这次我们要完成更难的任务，敌人设置的电网更宽了，你们一定要记住，在通过电网时头和身体要低，同时用两个手臂使劲向前爬。（教师带领幼儿再次重复动作要领）看一看哪个士兵能够不碰到电网，顺利完成任务。

幼儿游戏：爬过草地、电网、山坡、山洞，夺取红旗。

3. 结束部分

(1) 总结：顺利完成任务，取得胜利。

(2) 教师带领幼儿做放松活动。

第二章

幼儿园室内体育游戏

幼儿园体育活动的组织形式是多种多样的，其中室内体育游戏活动是非常有特色和价值的一种形式，深受幼儿的喜爱。室内体育游戏活动，可弥补因户外天气不好或场地条件有限等不利因素，幼儿可以自由地选择运动器械进行活动，也可以根据一定的规则要求，开展小组或个体的竞赛性活动，还可以通过表现性、创造性的身体活动方式，促进其智力、情绪情感、个性等方面的健康发展。

一、概述

（一）定义

幼儿园室内体育游戏活动是根据一定的教育目标，在室内创设一定的教育条件，选择适宜的运动器械，使幼儿通过表现性、创造性的身体运动，达到锻炼的目的。作为体育活动的重要途径之一，室内体育游戏活动不受天气、季节等因素的影响。

（二）内容

室内体育游戏的内容既可以是钻、爬、投掷、推滚等大肌肉活动，也可以是手指、脚趾游戏等小肌肉活动。室内体育游戏活动的组织方法是灵活多样的，既可以是有组织的集体活动，也可以是自由分散的小组活动，还可以是幼儿个体的创造性活动。这几种形式的有机结合，可以保证幼儿体育锻炼过程中，空间与时间的高效利用。

（三）功能

幼儿园室内体育游戏活动的功能主要表现为以下四个方面。

1. 在操作活动中，促进幼儿动手能力及小肌肉的协调发展。

2. 在体育游戏中，促使灵敏协调地完成各种动作，提高幼儿的身体素质。

3. 在规定的环境条件下学会守规则、轮流、等待、协商等，促进幼儿社会性的发展。

4. 帮助幼儿树立初步的自我保护意识，知道安全的重要性。

（四）指导策略

1. 幼儿园室内体育游戏活动要充分考虑幼儿的年龄特点。

（1）小班应注意利用丰富的材料吸引幼儿自主活动，淡化幼儿对于活动的任务感，满足幼儿多种活动的需要，使幼儿在愉快的氛围中自由活动。这样既可以使幼儿在游戏中不知不觉地达到锻炼的目的，还能充分提高幼儿参与活动的积极性。

（2）中大班幼儿的基本活动能力发展较好，动作较为灵敏、协调，体力较充沛，知识范围扩大，理解能力有所发展，具有较强的自我控制能力，有一定的责任感和集体观念，相互合作的能力有所提高。所以，中大班幼儿对动作有一定难度、内容丰富、有一定规则、具有合作性的体育活动兴趣较高。因此，把活动量小的基本动作练习与娱乐性强的体育游戏，以及根据幼儿兴趣生成的活动相结合，可以使幼儿充分感受到活动的乐趣。

2. 幼儿园室内体育活动区的有关注意事项。

在室内开展体育活动时，应合理、充分地设置和有效利用活动区域。

（1）教师应根据室内结构对区域的位置进行较合理的安排，注意动静分开，能够保证桌面、地面都有区域，活动室、睡眠室能共同组织活动，幼儿的大肌肉、小肌肉都能得到锻炼。

（2）材料应以自制材料、废旧材料为主，可以加入小型的体育活动器材。

每个区的材料投放尽量丰富，有不同层次的材料，能保证不同能力的幼儿都可以选择适宜的材料进行游戏。各层次的同类材料数量要多一些，利于幼儿自主结伴活动，也可避免幼儿争抢材料。

在开放每个区、投放材料前，教师要向幼儿介绍游戏名称，共同讨论游戏规则，引导幼儿探索玩法，游戏后，教师应及时给予鼓励性评价，充分发挥材料的作用，有效调动幼儿活动的积极性。

（3）区域内容的选择应尽量以游戏化、趣味化、娱乐化的内容为主，淡化活动的任务感，减少不必要的规则，使幼儿感到愉快、自由。

（4）活动形式上，应以小组或个人的分散活动为主，既可以满足幼儿多种活动的需要，避免拥挤，又有利于教师的全面管理。

二、案例分享

（一）小班（9个）

游戏一 投球小能手

目标

1. 能单手自然、准确向前方投掷。

2. 游戏结束时能将运动器材及时收放好，在游戏过程中有自我保护的安全意识。

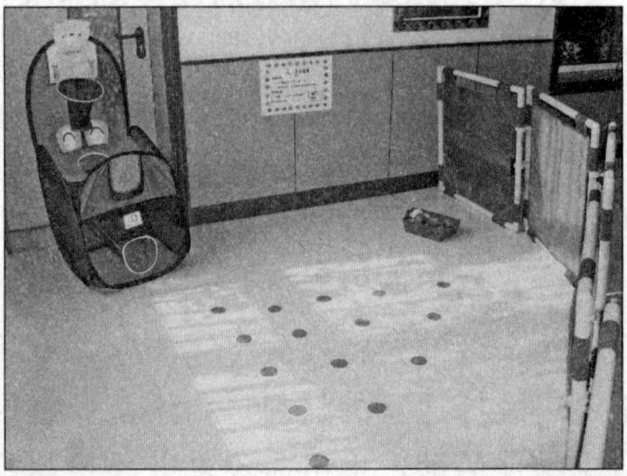

准备

小筐一个、球若干、投篮器一个、围挡材料一组。

规则

1. 每次每人拿一个球投掷，游戏结束时幼儿要把所有的球捡回来放在小筐里。

2. 游戏人数以2～4人为宜。幼儿每次投完球后，要到最后面或旁边等待，以免影响其他幼儿游戏。

玩法

1. 幼儿拿着一个球，根据自己的能力，选择离投篮器距离远或近的点站好，然后用力投向投篮器的球洞里。

2. 再取一个球继续游戏。

建议

每次游戏后，幼儿需要再拿球时，

必须先把散落在地上的球捡起来，避免幼儿踩到球滑倒。

游戏二 照顾小动物

目标

1. 走路自然，能灵活地控制走步的方向。

2. 爱惜运动器材，游戏结束时能将运动器材分类收放好。

准备

小推车两辆、小拉车两辆、小筐四个、纸箱做的小动物（羊、猫、狗、兔）、动物食物（草、鱼、骨头、萝卜）、四种路线、四个小脚印。

规则

1. 游戏可多人参与，每次取完食物后，幼儿要将车子推回，传给第二个人，再去喂小动物。喂完一次后排到自己喜欢的路线队尾后，等待再次游戏。

2. 幼儿推或拉着小车前进时要与路线一致，每人每次只取一个食物，并喂到小动物的嘴里。游戏结束时，幼儿将小车放回原处，并将喂给动物的食物放回相应的食物筐里，把小筐收放到原处。

玩法

1. 幼儿自由选择行走路线，推或拉着小车前进。

2. 走到装着食物的小筐前，拿起一个食物。

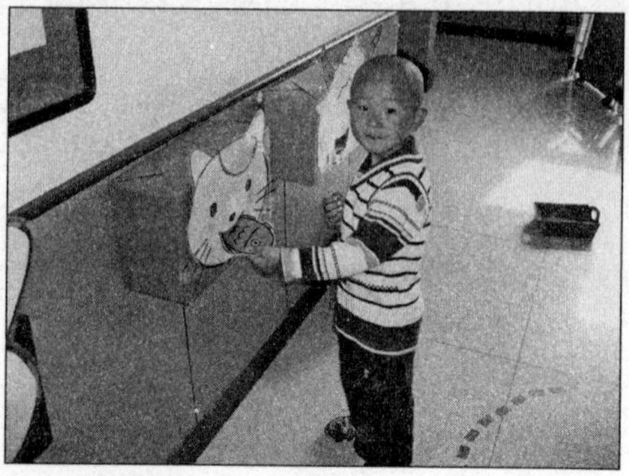

3. 拿着食物，推或拉着小车沿原路返回。

4. 把小车交给第二个小朋友，然后拿着食物喂相应的小动物。

5. 选择新的路线继续游戏。

建议

游戏过程中，不能打闹、跑等，避免出现危险。

游戏三 乌龟生蛋

目标

1. 练习手膝爬，能按照地上的直线和曲线蹲走。

2. 感受室内体育游戏的快乐。

准备

小乌龟道具两个、敲球桩两个、钻棚一个、地毯两块，场地布置见右图。

规则

要背好小乌龟道具。

玩法

1. 手膝爬进钻棚。

2. 出来后沿着地上的直线或曲线蹲走回来。

3. 敲一下小球桩，再继续游戏。

游戏四 小鸡和小鸭

目标

1. 练习推着小车按指定的脚印行走，并根据 1～5 的数字卡和点卡出示相同数量的食物。

2. 锻炼四肢的灵活性，愿意参加体育游戏。

准备

小推车、小鸡和小鸭的家、虫子、小鱼、小鸡和小鸭头饰、1～5 的数字卡和点卡。

规则

1. 要按照小鸡、小鸭的角色进行游戏。

2. 熟练掌握游戏之后，可让幼儿自己选择 1～5 以内任意的数字卡和点卡。

玩法

1. 游戏人数：2～4 人。

2. 自取小鸡或小鸭头饰和小推车，沿相应的脚印走到相应动物的房子前停下。

3. 观察房间里住了几个小动物，便自取几个相应的食物挂在挂钩上。

4. 原路返回，下一位幼儿开始游戏。

建议

1. 沿脚印走到交叉处时，相互谦让再往前走。

2. 小推车沿脚印路线走，禁止挥舞小车、打闹。

游戏五 打怪兽

目标

1. 提高幼儿投掷的准确性，发展幼儿手眼协调能力。

2. 激发幼儿对体育游戏的兴趣。

准备

教师自制的怪兽、筐、大小不同的包、笑脸牌，地上贴上距离不等的圆点。

规则

1. 每人一次只取一个包，轮流游戏。

2. 任选一个圆点位置投包。

玩法

1. 怪兽摆放在前方，幼儿自取包站在圆点上，向怪兽嘴巴里投。（脚不能离开圆点）

2. 投中后插一枚笑脸牌，把投的包放回筐中。

3. 各自统计笑脸牌的总数，多者为获。

建议

1. 可以投放大小、软硬不同的包供孩子们使用。

2. 圆点到怪兽的距离可根据幼儿投掷的准确性进行调整，可逐渐加大距离，增加难度。

游戏六
小兔采蘑菇

目标

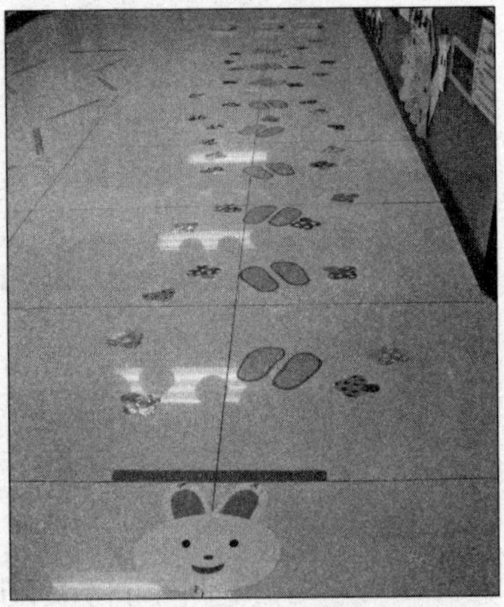

1. 练习沿着小脚印双脚向前行进跳，锻炼下肢的腿部力量。

2. 练习手口一致地点数1～5，并能按蘑菇的颜色分别投放到相应的小筐中。

3. 体验游戏的快乐。

准备

1. 小兔头贴、起点线、小脚印、小筐三个、三种颜色的小蘑菇若干。

2. 场地布置，见右图。

规则

1. 必须双脚行进跳。

2. 一名幼儿游戏结束后，下一名幼儿方可出发。

玩法

1. 幼儿双脚沿着小脚印向前跳。

2. 幼儿边跳边采不同颜色的小蘑菇，一次游戏采五个小蘑菇。

3. 跳到家后，幼儿将采来的蘑菇按照颜色分别放到相应的小筐中。

建议

1. 游戏可反复进行，一个人可以多玩几次。

2. 游戏结束后，可以请幼儿数一数三个小筐中分别有多少个小蘑菇。

游戏七
欢 乐 铃

目标

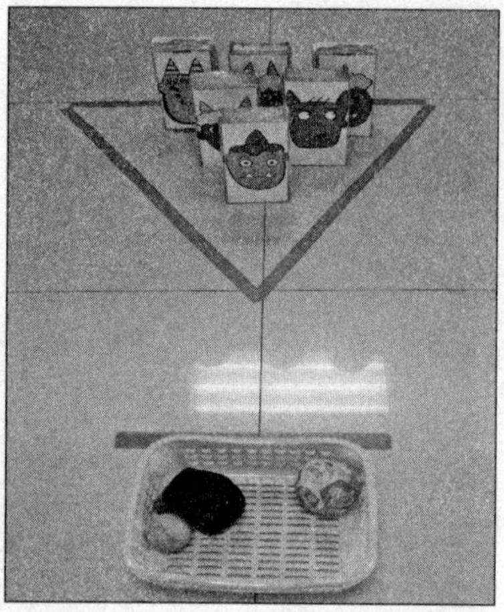

1. 练习投掷，发展手臂的肌肉力量。

2. 练习击打目标，锻炼幼儿的手眼协调能力。

准备

1. 酸奶盒怪兽六个、铃铛六个、放怪兽的标记六个、起点线、各种球（如网球、海绵球、小皮球等）。

2. 场地布置，见左图。

规则

1. 必须站在标志线后击打怪兽。

2. 前面幼儿将怪兽全部打倒后，下一个幼儿再玩游戏。

3. 每次只能一个人玩。

玩法

1. 幼儿自选不同材质的球，对准怪兽打。

2. 可以反复打，直到将怪兽全部打倒。

3. 全部打倒后，请打倒怪兽的幼儿将怪兽按照标记全都立起来放好，下一个幼儿继续游戏。

建议

此游戏可以进行比赛，看谁能用最少的球把怪兽全部打倒。

游戏八

钻　山　洞

目标

1. 练习手膝爬的动作，锻炼幼儿身体的协调性。

2. 练习根据铃声信号掌握行进的距离。

准备

彩色山洞棚子一个、铃铛两个、小脚印一对、箭头标志一个。

规则

幼儿一个一个地进山洞。

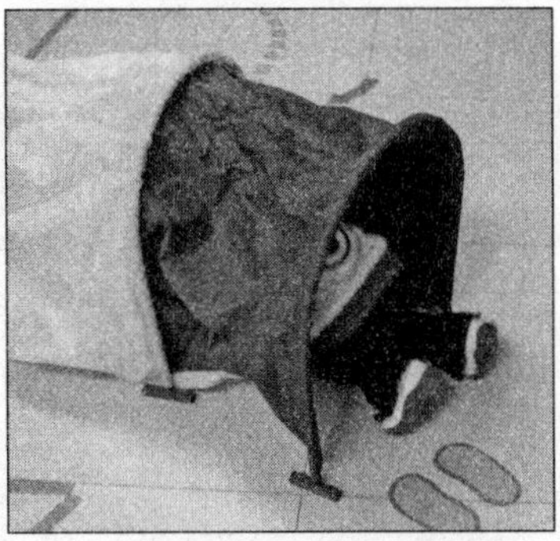

玩法

1. 幼儿在箭头方向的小脚印前跪好，准备出发。

2. 前面幼儿出发后，碰到铃铛会响，下一名幼儿听到再出发，幼儿排队依次手膝爬过山洞。

3. 幼儿从山洞的另一头钻出来后，铃铛会再次响起，后面幼儿继续往前爬。幼儿可继续排队反复游戏。

建议

不仅可以练习手膝爬，还可以练习匍匐爬。

游戏九 接送小娃娃

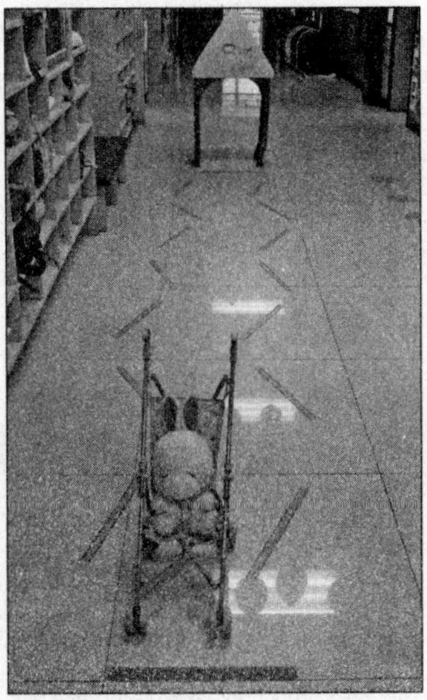

目标

1. 练习双手推小车按路线标志变换方向行进，锻炼幼儿的手眼协调能力。

2. 练习正面钻的动作。

3. 感受游戏的快乐。

准备

1. 小娃娃推车、纸箱做的娃娃家、门铃、路线图、起点线。

2. 场地布置，见右图。

规则

1. 每次一人游戏。

2. 一位幼儿游戏完，下一位幼儿再出发。

3. 钻过门洞时，不能挪动门的位置。

玩法

1. 幼儿沿地上的路线推小车，送娃娃回家。

2. 进屋前先按下门铃，听铃响后，幼儿推着娃娃车钻过娃娃家。

3. 通过娃娃家后，从左侧绕出沿原路返回到起点，下一名幼儿再出发。

建议

1. 可以进行接力游戏，一名幼儿回来后，下一名幼儿再出发。

2. 可以尝试多种推小车的方法，如走着推或跑着推。

（二）中班（8个）

游戏一 小铃响叮当

目标

1. 锻炼投掷动作，提高投准能力。

2. 在体育游戏中体验成功的快乐。

准备

纸球六个、沙包六个、软皮球六个、悬挂的五环标志（小铃铛挂在每个环的中间）。

规则

1. 两名幼儿比赛，每人取三个投掷物，站在投掷线后准备好。

2. 一名幼儿投掷完后，另一名幼儿再投。

玩法

1. 两人游戏。

2. 幼儿准备好后，将投掷物投向前方五环中的小铃铛，投中者得分。

3. 统计游戏成绩，幼儿投中一个小铃铛得一分，分数多者为胜。

游戏二
撞 撞 乐

目标

1. 锻炼上下肢的肌肉力量，提高手眼协调能力。

2. 感受体育游戏的快乐。

准备

皮球两个、圆柱积木若干、彩色水瓶若干、挡板。

规则

1. 在游戏中，一名幼儿把两个球都滚下去后，下一名幼儿才能下楼去摆放障碍物。

2. 幼儿在上下楼梯时，一定要注意安全，一手扶好扶手一手拿球。

玩法

1. 两人游戏。

2. 幼儿从上面往下滚球，以击中障碍物为胜。

3. 幼儿在楼梯下方摆好障碍物后站在楼梯上端等待。

4. 幼儿可通过沙漏流动的多少判断不同球运动的快慢。

建议

可根据幼儿游戏情况，统计击中障碍物的数量和分数。

游戏三 滚滚乐

目标

1. 发展幼儿下肢的肌肉力量。

2. 锻炼幼儿持物上楼梯的平衡协调能力。

3. 提高幼儿与同伴合作协商进行游戏的能力，使幼儿感受体育游戏的快乐。

准备

乒乓球五个、台球五个、大小不同的铃铛十个、塑料球十个、托板、小桶。

规则

1. 两人轮流进行游戏。

2. 幼儿在托球上楼时，要注意身体保持平稳，注意安全。

玩法

1. 两人游戏。

2. 一名幼儿手持托板，将五个大小不同的球托到楼梯上端，准备好。

3. 另一名幼儿在楼梯下方等待。

4. 楼梯上的幼儿将球从管道内往下滚，下面的幼儿观察不同球滚下来的速度。

建议

幼儿可选择其他种类的球进行滚动游戏，可用沙漏计时，感知球的滚动速度。

游戏四 能干的小脚

目标

1. 锻炼幼儿腹部、下肢的肌肉力量和脚腕的灵活性。
2. 在体育游戏中，体验喂小动物的快乐。

准备

1. 垫子两个、纸箱制作的小兔子家两个、报纸制作的各种萝卜若干、沙漏计时器一个。
2. 场地布置，见下图。

规则

1. 所有动作均利用下肢完成，不能用手帮忙。
2. 可在幼儿熟练掌握之后，开展竞赛游戏。

玩法

1. 幼儿坐在垫子上，用小脚内侧夹住萝卜。
2. 夹好后，幼儿平躺在垫子上，抬起双腿，从头顶将萝卜放入小兔的家中。

3. 统计游戏成绩，幼儿数一数自己夹了几个萝卜，并在记分牌上粘贴记录萝卜的数量。

建议

1. 可利用沙漏计时器开展竞赛游戏，两名幼儿同时夹萝卜，在规定时间内（沙漏计时），谁夹得多谁就获胜。

2. 可尝试用穿鞋和不穿鞋两种方法夹萝卜，感受两种方法的不同。

游戏五 推滚乐

目标

1. 通过推滚纸盒轮胎，锻炼幼儿手眼协调性及控制方向的能力。

2. 帮助幼儿初步建立竞赛游戏中的规则意识。

准备

用酸奶纸盒自制的轮胎两个、自制小树六棵、用酸奶纸盒自制的小桥两座、露露罐、板块若干。

规则

1. 游戏人数：两人。

2. 推滚纸盒轮胎时，要按照规定的路线行走。

3. 每次只运送一个露露罐，谁的罐多，搭的楼房高谁获胜。

玩法

1. 幼儿在起点将露露罐放进轮胎中心处。

2. 出发后，平稳地推滚轮胎走过山坡，穿越树林，将露露罐运到自己的建筑区域。

3. 将露露罐放在搭建区域后从场地两侧返回，再运送一个露露罐，直到运完四个以后，方可用板块封顶。

4. 游戏反复进行，谁的楼房搭建得又高又平稳谁获胜。

建议

1. 以竞赛形式开展游戏。

2. 在推滚过程中，要尽量平稳地把轮胎中的露露罐运送到搭建区域。

游戏六

猜拳跳房子

目标

1. 发展幼儿双脚向前跳过不同宽度的基本动作。
2. 发展幼儿的判断能力。

准备

1. 压膜奖杯挂饰一个。
2. 在地面上贴上有苹果、鸭梨图案的供跳房子的格子。

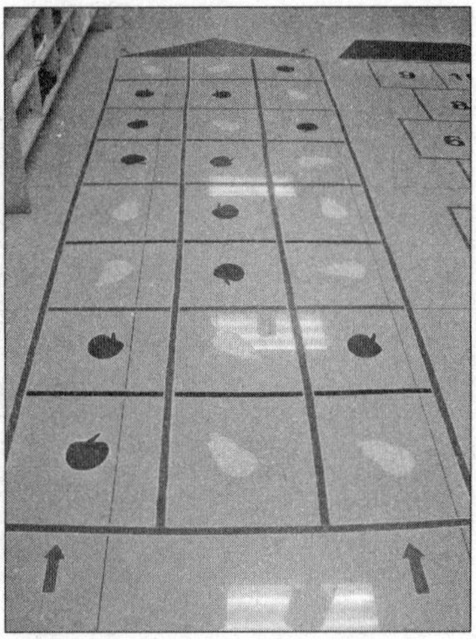

规则

1. 两名小朋友参加游戏，划拳要同时出拳。
2. 必须跳到相邻的有一样图案的格子中。

玩法

1. 两个小朋友参加游戏，分别站在苹果和鸭梨图案上准备游戏。
2. 游戏开始，两个小朋友划拳（石头、剪刀、布），获胜的一方向前跳一格，跳到相邻的与自己所站图案相同的格子里。
3. 谁先跳到房顶的三角形中谁获胜，奖励奖杯一个，挂在胸前。

建议

1. 游戏初期可以是双脚跳，进行一段时间后，可以变为单脚跳游戏。
2. 游戏也可以一个人玩，按照一种图案的路线跳出迷宫。

游戏七

数 字 跳 房 子

目标

发展幼儿单、双脚向前跳的基本动作。

准备

地面贴上有不同数字的跳房子的格子、沙包一个，幼儿认识数字 1～10，并知道排列顺序。

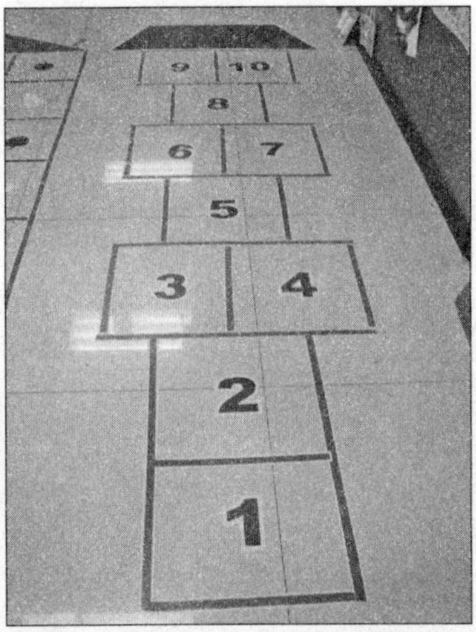

规则

1. 一至两名小朋友参加游戏。

2. 必须跳到相邻数字的格子中，按数字由小到大的顺序跳。

玩法

1. 小朋友站在起跳线上做准备，将沙包投到数字 1 的格子中。

2. 开始游戏，按数字顺序逐一跳格子，有沙包的格子就单脚跳，没有沙包的格子双脚跳。

3. 跳到数字 10，转身再按照 1～10 的倒序跳回来。

4. 投沙包到数字 2 继续游戏，按数字顺序投到数字 10，结束一轮游戏。

建议

1. 游戏可以单双脚交替跳过数字格子，单格单脚，双格双脚。

2. 结合数字开展游戏，如单双数跳等。

游戏八

黑猫警长捉老鼠

目标

1. 发展幼儿的投掷能力、投准能力。

2. 激发幼儿勇敢、不怕困难的精神。

准备

1. 在每个柜格中放置一个自制的小老鼠，将柜格装饰成老鼠洞的样子。

2. 沙包若干，作为打老鼠的子弹，压膜小鱼挂饰十个，压膜黑猫警长挂饰标志两个。

规则

1. 两名小朋友参加游戏，每人拿三个沙包。

2. 投包时注意方向，避免砸到小朋友身上。

玩法

1. 黑猫警长带好标志，站在投掷线上准备游戏。

2. 游戏开始，黑猫警长用手中的沙包向老鼠洞投，投进老鼠洞的就是捉住了一只老鼠，奖励小鱼一条，挂在胸前。

3. 游戏结束，数一数谁得到的小鱼多。

建议

1. 根据幼儿发展水平，适当调整投掷距离。

2. 可以开展两个人的竞赛游戏。

游戏九 蹦球音乐会

目标

1. 喜欢投球活动，感受投球活动的趣味性。

2. 知道不同物体可以发出不同响声。

准备

大弹力球六个，大纸箱三个、小铃鼓两个、撞钟两个、沙锤两个等发声物品做成钢琴形状。

规则

1. 两名小朋友参加游戏，其他幼儿在两旁等待。

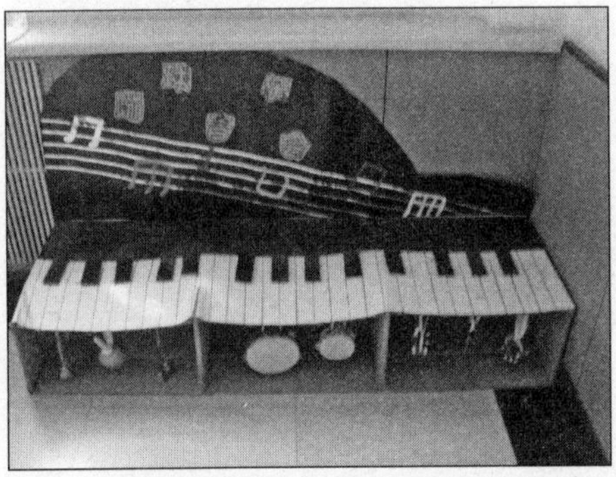

2. 所有小球都扔下去后再捡回来。

玩法

1. 小朋友站在楼梯上面，准备游戏。

2. 游戏开始，小朋友将弹力球从楼梯上向下扔去，将球击中箱子上的发声乐器，发出不同的声音。

3. 教师：小球敲打乐器多好听呀，请小朋友下楼把小球捡回来，再来一次吧！

建议

1. 游戏时一定注意幼儿的安全，说清楚安全要求。

2. 可以大小球交替进行。

（三）大班（12个）

游戏一 推球比赛

目标

1. 锻炼手臂力量，提高手眼协调能力。

2. 能遵守游戏规则，会记录游戏比分。

准备

1. 擦玻璃器改装的推球器两个、球门两个、象棋棋子一个、台历自制的积分牌一个。

2. 场地布置，见下页图。

规则

1. 使用推球器时，让有海绵的一面着地，进行推球。

2. 提示幼儿在游戏中保持合适的距离，避免推球器触碰到对方的身体。

玩法

1. 幼儿手持推球器站在各自的球门前。猜拳争夺发球权，赢者将球放在

中心线上发球。

2. 双方利用推球器互推棋子，推进对方球门者得分。

3. 利用记分牌记录游戏得分情况，最先得十分的为胜利者。

建议

可选择不同的废旧材料充当球，如大瓶盖、铁桶盖等。

游戏二 滑 滑 乐

目标

1. 探索滑板的多种玩法，锻炼手臂力量，提高身体四肢的协调能力。

2. 感受室内体育游戏的快乐，喜欢和小伙伴共同游戏。

准备

1. 圆形滑板两个、墙饰纸制作的围栏一个、游戏绕行障碍物六个（废旧的水瓶、纸筒等）。

2. 场地布置，见右图。

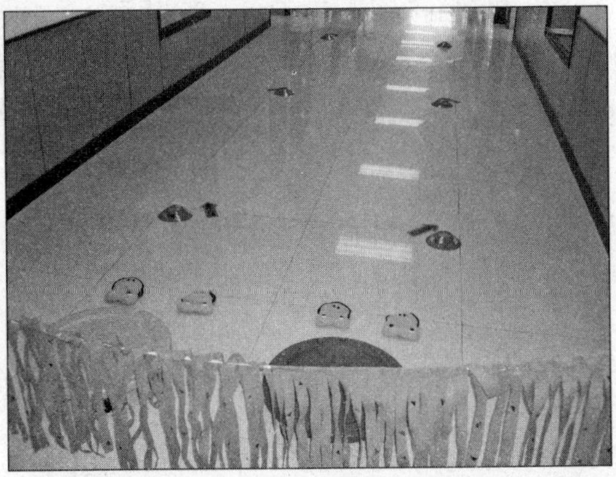

规则

1. 幼儿按照标志线，利用滑板

进行滑行。

2. 幼儿选择安全的游戏姿势，注意不能站立在滑板上滑行。

玩法

1. 幼儿探索滑板的不同玩法，如可盘坐在滑板上用手滑行、身体趴在滑板上滑行、双腿跪在滑板上滑行等。

2. 两个人可进行滑行比赛。

建议

1. 鼓励幼儿在游戏中探索不一样的滑行方法。

2. 提示幼儿在游戏中注意安全，比一比哪个小朋友发明的方法既好玩又安全。

游戏三 套圈乐

目标

1. 发展手眼协调能力，增强手臂的力量。

2. 体验室内体育游戏的快乐，有克服困难的精神。

准备

小动物标志物八个、三种颜色的套圈各五个、用即时贴制作的标志线。

规则

1. 将塑料圈套在小动物标志物上。

2. 套圈时，笔直向前，掌握好力度，避免套圈从楼梯两侧掉落。

3. 游戏结束后，将圈收回。

玩法

1. 幼儿每人选择一种颜色的套圈，一起站在标志线的前面做好准备。

2. 比赛开始后，同时往小动物的标志物上套圈。

3. 将手中的套圈都抛出去后，数一数，哪种颜色的圈套中的多，哪个小朋友获胜。

游戏四 掷骰夺宝

目标

1. 锻炼大腿肌肉力量，懂得游戏规则，增强规则意识。

2. 体验室内体育游戏和与小伙伴共同游戏的快乐。

准备

1. 布包制作的骰子、不同颜色锥形筒两个、冰棍自制的数学加减算术题、自制猜拳图卡。

2. 利用楼道的上下楼梯进行游戏。

规则

1. 按照数字在楼梯上设置棋位，并放置相应的图标。

2. 先玩猜拳游戏，赢者优先选择棋子。

玩法

1. 2～4 人游戏，每人选择一个锥形筒作为棋子。

2. 玩家轮流投骰子，按照掷出的数字放置棋子。

3. 游戏过程中会碰到两种图标，即猜拳图卡和数学加减题，必须按照图标要求做。猜拳图卡：两名幼儿猜拳，胜者前进一步，输者后退一步；数学加减题：幼儿抽出数学题，答对者前进三步，答错者后退三步。

4. 顺利闯过各关，最先到达终点的为胜利者。

建议

1. 要求幼儿遵守规则，遇到不同的图标就要进行相应的游戏挑战，挑战成功者按要求前进，失败者必须后退。

2. 锥形筒作为棋子，每走一步要摆放在定位点上，有利于游戏有序进行。

游戏五 打保龄球

目标

1. 锻炼幼儿大肌肉的控制能力，提高手眼协调能力。

2. 在体育游戏中体验成功的快乐。

准备

儿童保龄球、地毯制作的球道。

规则

1. 站在起点处投球，不能越线。

2. 在幼儿熟练掌握游戏之后，可让幼儿根据自己的意愿选择球瓶的摆法。

玩法

1. 幼儿将球瓶按点摆放好，将轨道铺平。

2. 幼儿瞄准球瓶，将保龄球从轨道起点推出击打球瓶。

建议

1. 可统计分数，激发幼儿的参与兴趣。

2. 不要踩到球道上面，以免滑倒。

游戏六

钩　钩　乐

目标

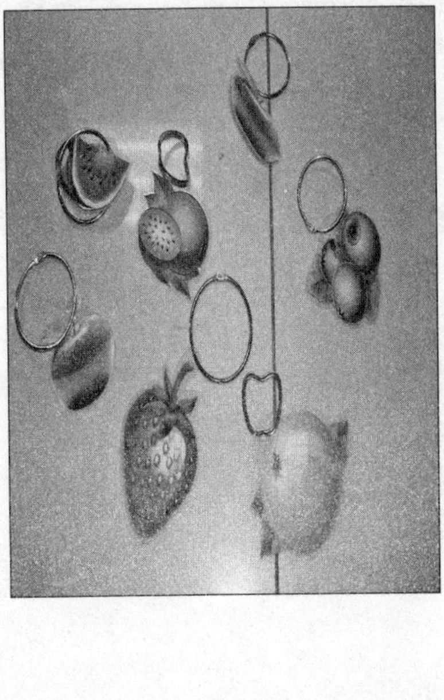

1. 能灵活地利用工具摘水果，提高小肌肉的控制能力。

2. 发展手眼协调能力。

准备

长挑杆、短挑杆、挂钩、水果钥匙环、自制计时器、小筐、PVC管制作的大树。

规则

1. 用挑杆摘挂水果，不可用手触碰。

2. 用计时器计时。

玩法

1. 两名幼儿选择长短不同的挑杆将长在果

树不同高度的水果摘下，放进小筐。

2. 另两名幼儿再用挑杆将水果挂回果树上。

建议

1. 挑杆不要对着同伴，也不要伤到自己。

2. 幼儿可以分工合作，一个计时，一个操作。

游戏七

迷宫高尔夫

目标

1. 发展幼儿手眼协调能力。

2. 体验合作游戏的乐趣。

准备

球杆、小球、迷宫游戏毯、游戏障碍标。

规则

1. 每组游戏设计的障碍不超过四个。

2. 高尔夫球上坡时要借助球杆，手不可触碰球。

玩法

1. 两名幼儿互相在迷宫中为对方设置障碍，设置完后开始游戏。

2. 用球杆将小球沿线路通过障碍。先到达迷宫中央，将球推进球洞的幼儿获得胜利。

建议

1. 双手要握紧球杆，不可以碰到同伴。

2. 不要在迷宫游戏毯上跑，以免滑倒。

游戏八 神 射 手

目标

1. 掌握瞄准技巧，能够较为准确地将箭射在箭靶上。
2. 增强手眼协调能力。

准备

箭靶、弓、箭四支。

规则

1. 幼儿站在起点处准备射箭。
2. 幼儿将箭射向靶子，谁的环数高谁获胜。

玩法

1. 场地布置好后，两名幼儿站在起始线内。
2. 幼儿打开瞄准器，用力拉动弓弦，将箭瞄向靶心，使箭吸在箭靶上。
3. 两名幼儿轮流射箭。

建议

1. 射箭时不可以瞄准小朋友，以免发生危险。
2. 瞄准器要对准靶心，不可以直射眼睛。

游戏九

飞　镖　打　靶

目标

1. 能够较为准确地将飞镖投掷在靶上。

2. 增强手眼协调能力。

准备

飞镖靶子、红色和绿色飞镖各三个。

规则

1. 一定要站在起始线的后面。

2. 幼儿投完飞镖自己计算得分。

玩法

1. 两人游戏。

2. 幼儿站在起始线，轮流将飞镖投向靶子。

3. 投完飞镖后幼儿算出自己的得分。

建议

可以尝试竞赛游戏，看谁投掷的飞镖离靶心最近。

游戏十 力 拔 千 斤

目标

1. 能借助楼梯运用双手交替提升重物，增强上肢力量。
2. 在体育游戏中，体验成功感。

材料

粗麻绳一条，绳头上固定安全扣；灌好水的大饮料瓶若干，并拴好绳套。

规则

1. 所有的水瓶都拉上来之后才可以交换场地。
2. 交换场地的时候由楼梯上面的幼儿提水瓶。

玩法

1. 两名幼儿共同游戏。一名幼儿在楼梯下面，将麻绳头上的安全扣扣在饮料瓶的绳套上。

2. 另一名幼儿坐楼梯最上面一级台阶，用手抓住麻绳，双手交替拉绳子，把瓶子拉到自己跟前后摘下瓶子，再将绳子放下去，反复进行。

3. 瓶子都拉上来之后幼儿交换场地，楼梯上幼儿将瓶子提到楼下。

建议

瓶子不用太多，便于幼儿能一次提下楼为宜。

游戏十一
桥　上　捉　鱼

目标

1. 能灵活地在平衡器材上行走，并能蹲下取物。

2. 能利用小棍灵活地挑取物品，并放入小筐。

材料

1. 垫子十块、十厘米宽的平衡器材、布鱼若干、带窗帘夹的纸鱼若干、鱼钩两个、背篓两个。

2. 场地布置，见右图。

规则

1. 双脚都要站在桥上，不能踩到桥下。

2. 需要钓的鱼一定要用渔竿，

需要捉的鱼才可以用手抓。

玩法

1. 幼儿赤脚背上背篓，手持渔竿站在垫子上。
2. 赤脚走在平衡器材上，可以弯腰用鱼钩钩起带窗帘夹的鱼。
3. 蹲下来用手拾起布鱼。
4. 幼儿将鱼装进背篓里。

建议

开展竞赛游戏，两名幼儿同时开始钓鱼。在规定时间内（沙漏计时），谁的鱼多谁就获胜。

游戏十二 沙包得分王

目标

1. 掌握投掷的基本动作，能够用力向远处、高处投沙包。
2. 能够较准确地将目标击中。

材料

大纸盒四个、沙包二十个、大整理箱一个。

规则

1. 所有沙包投完之后才能去捡沙包。
2. 一次只能投一个沙包。

玩法

1. 幼儿轮流向标志物投掷沙包。

2. 观察沙包落点的分数。

3. 统计游戏分数，比一比谁的得分高。

4. 沙包投掷完了以后，幼儿一起将沙包捡回。

建议

可以根据分数统计的结果给幼儿一定奖励。

第三章

幼儿园户外体育活动

户外体育活动是幼儿园体育活动的重要组织形式。相对于其他体育活动，户外体育活动是一种更为开放、自由、灵活的体育活动形式。幼儿时期是人体各部分迅速生长发育的时期，幼儿需要接触户外新鲜空气、阳光，提高机体对外界的适应能力。幼儿时期也是人格形成的重要时期，户外体育活动能考虑到幼儿的兴趣、爱好，给幼儿提供足够的自由空间，利于培养幼儿的独立性和自主性，利于培养活泼开朗的性格，使幼儿得到个性化的发展。户外体育运动还是幼儿探索客体环境的有效手段，他们通过运动感知世界、积累经验，从而为他们的心理发展打下基础。

《纲要》中指出幼儿健康领域的目标是“喜欢参加体育活动，动作灵活协调”，其内容与要求是“开展丰富多彩的户外游戏和体育活动，培养幼儿参与体育活动的兴趣和习惯，增强体质，提高对环境的适应能力”。由此可见，幼儿园体育活动强调对幼儿参与体育活动兴趣、习惯的培养。户外体育活动的开展不仅要依托于开阔的户外场地、充足的体育器械等外部条件，更要以幼儿独立自主选择游戏，身体运动能力得到充分发展为目标，因地制宜地开展形式各异、丰富多彩的户外体育活动。

户外体育活动从场地利用上可以分为园内活动和园外活动。利用园内户外场地可以开展循环式区域活动、开放性区域活动、自由自选及一物多玩活动、运动会等多种形式的活动；利用园外资源可以开展远足等活动。

一、循环式区域活动

（一）定义

循环式区域活动是教师根据幼儿体能全面发展的需要，利用幼儿园场地摆放走、跑、钻、爬、跳等活动器材，形成体育活动循环区，幼儿在循环区内轮流、循环地进行走、跑、钻、爬、跳等各项基本运动，使体能得到全面锻炼。该活动形式尤其适用于户外场地较小的幼儿园。

循环式区域活动根据幼儿动作发展需要设置活动内容及区域，为幼儿提供体能训练。其循环游戏的形式打破了反复训练的机械模式，使幼儿在练习——尝试与体验——再练习中不断提高基本动作体能，掌握动作要领，体验运动的乐趣。小班幼儿由于运动经验少，安全意识及自主意识较弱，比较适合开展循环区域活动，也便于教师组织，确保幼儿的安全。

（二）内容

循环式区域活动可以设置走区、跑区、爬区、钻区、跳区、平衡区等区域，既可根据动作难易程度单项设置，也可将各区连接起来，形成大循环运动区。

（三）指导策略

循环式区域活动要依据幼儿年龄特点、运动水平与兴趣制定活动目标，设置活动内容。区域划分要考虑幼儿年龄特点，以动静交替为原则。各区域材料摆放应体现丰富性、层次性、多功能性和安全性，以利于幼儿自主选择。活动前要准备充分，活动中教师要注意观察并及时给予适宜的干预指导，活动后要有整理活动。活动时，各班教师要互相合作，明确分工，既面向全体，又有个别指导，确保幼儿安全。注意根据幼儿技能提高及运动兴趣的增减，随时调整运动内容。大班可要求幼儿根据教师提出的目标、主题，自主选择材料，师幼共同设置场地开展活动。

（四）案例分享（2 个）

案例一

单项循环式区域活动之爬区

区域目标

1. 体验各种爬法，能动作协调、灵活地爬行。
2. 掌握钻的动作要领，灵活地钻过各种障碍。

场地设置见下页图。

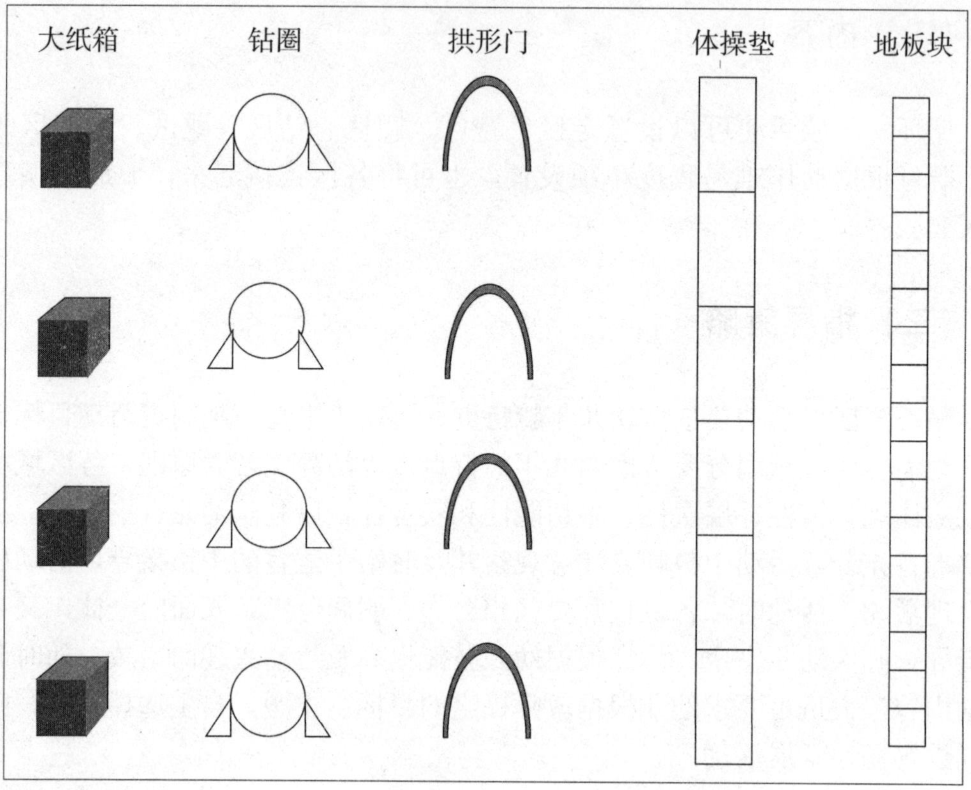

案例二

多区循环式区域活动

区域设置

钻区、爬区、跳区、平衡区。

材料准备

爬区——体操垫、地板块。

钻区——纸箱、呼啦圈（立放）、拱形门。

跳区——塑料圈、大积木、地板块。

平衡区——平衡木、小平衡板、小圆墩。

场地布置见下页图。

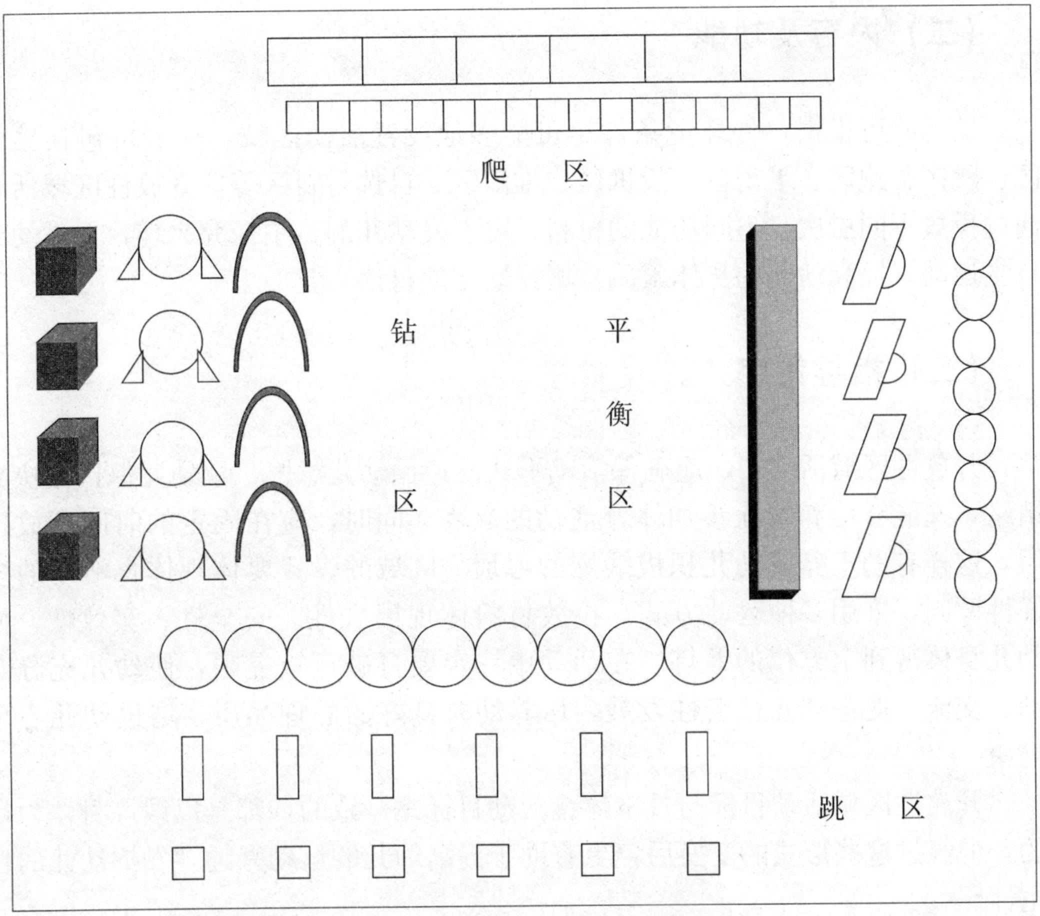

二、开放性区域活动

（一）定义

开放性区域活动是根据幼儿园户外场地、器械等特点，将幼儿园户外环境创设成各种丰富有趣的体育活动区域，并对全体幼儿开放。每个区域有专门的教师负责看护并指导，幼儿自由选择运动区进行运动。

中大班幼儿运动经验逐渐丰富，有一定的自主性，喜欢在宽松的氛围中自主选择运动内容及材料，较适合进行开放性区域活动。

（二）内容及功能

幼儿园可根据户外环境条件尽可能多地设置活动区域，一般可包括钻爬区、跳区、跑区、平衡区、投掷区、推滚区、自选材料区等。开放性区域活动通过投放不同层次、不同功能的材料，可引发幼儿的自主探究兴趣，促进幼儿自主运动，提高幼儿的身体素质，增强幼儿的自信心。

（三）指导策略

开放性区域活动中，应确保活动形式既遵循幼儿意愿，让幼儿保持愉快的情绪，又能够培养幼儿参加体育活动的兴趣。同时，应在固定的时间开放区域，这样有助于养成幼儿积极锻炼的习惯。区域的设置要体现体育活动的多样性原则，采用多种运动方式，投放材料体现层次性、安全性、实效性，使幼儿身体得到全方位的锻炼。在活动中一定要打破班级界限，使幼儿充分互动、交流，促进幼儿社会性发展，培养幼儿良好的心理品质，增进幼儿心理健康。

开放性区域活动目标与日常体育活动目标是一致的，都是以锻炼身体为目的，但经过这些形式的变换后，更有助于提高幼儿的运动兴趣，发挥幼儿的自主性。

（四）案例分享（9 个）

区域设置

包括钻爬区、跳区、跑区、平衡区、投掷区、推滚区、自选材料区。

材料准备

钻爬区——体操垫、地板块、拱形门、纸箱、呼啦圈。

跳区——塑料圈、大积木、地板块、小纸箱。

平衡区——平衡木、小平衡板、小圆墩、轮胎。

跑区——接力棒、小红旗、折返标志、障碍物、起跑线。

投掷区——沙包、布包、方皮包、小垒球、篮球架、纸箱、起始线。

推滚区——小推车、大滚球、大滚筒、饮料瓶、小拍子、地板块。

自选材料区——跳绳、羊角球、小纸棒、皮球等。

场地布置见下图。

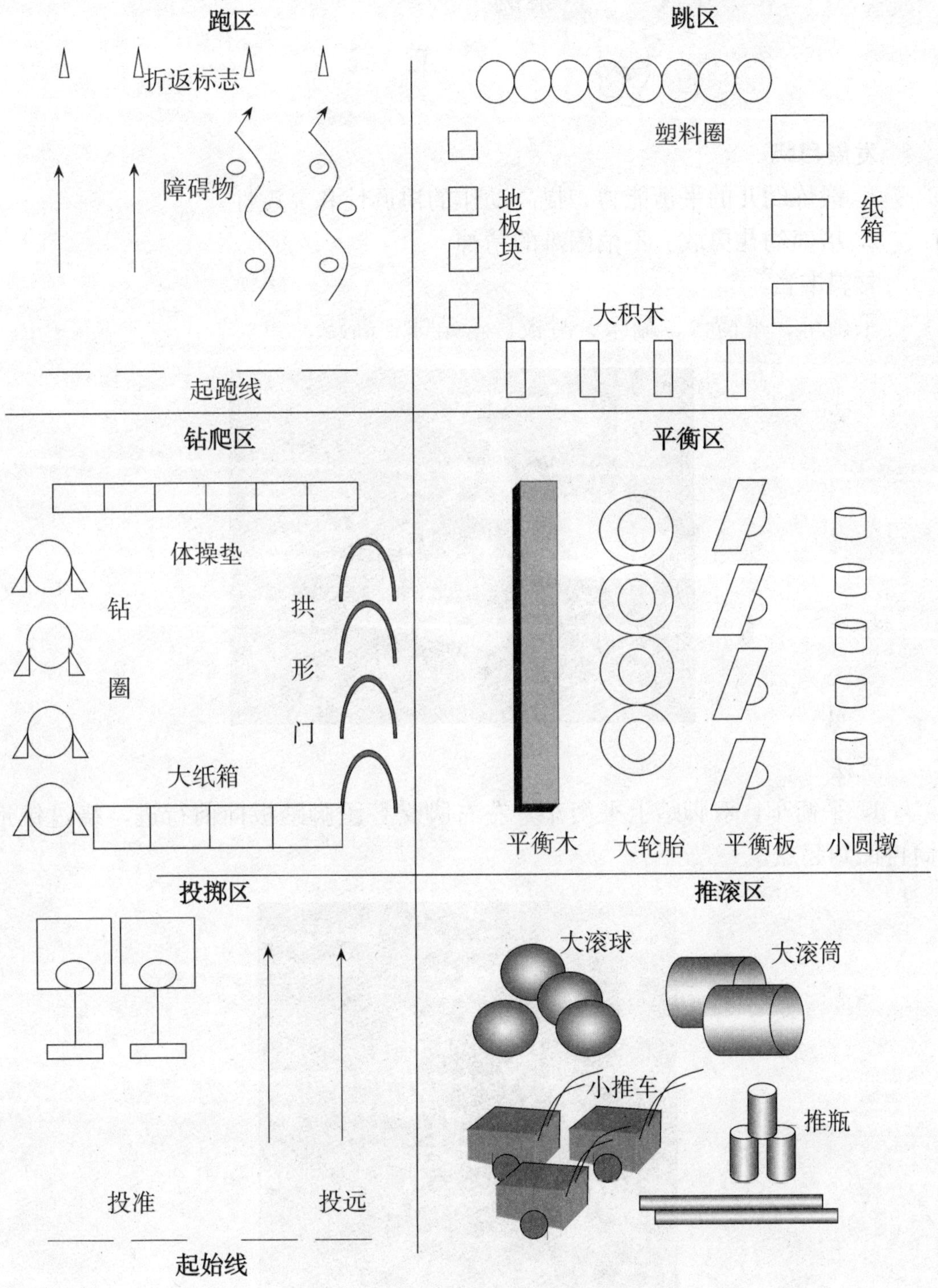

跑区
折返标志
障碍物
起跑线
跳区
塑料圈
地板块
纸箱
大积木
钻爬区
体操垫
钻圈
拱形门
大纸箱
平衡区
平衡木
大轮胎
平衡板
小圆墩
投掷区
投准
投远
起始线
推滚区
大滚球
大滚筒
小推车
推瓶

案例一
感觉统合区

发展目标

1. 锻炼幼儿的平衡能力，提高动作的协调性和灵敏性。
2. 培养幼儿勇敢、不怕困难的精神。

材料准备

平衡车、平衡台、蹦床、滑板、羊角球、高跷。

玩法

1. 平衡车：双脚踏上平衡车，左右脚交替蹬脚踏板向前行进，绕过锥形筒再回到起点。

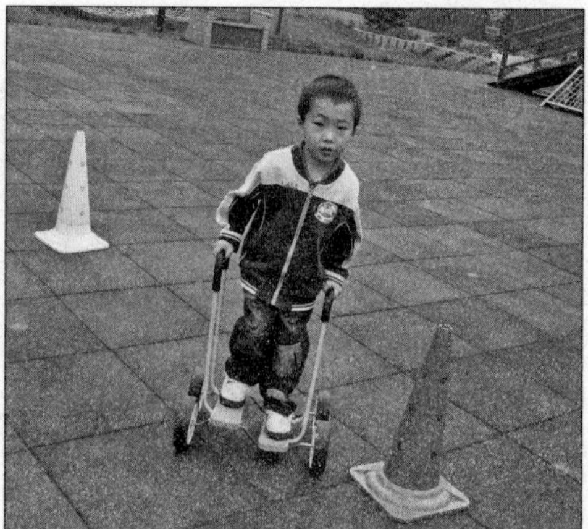

2. 平衡台：幼儿躺、坐或站在平衡台上，双手扶好把手，顺时针摇晃身体。

3. 蹦床：站在蹦床中间，屈膝蹬床，上下腾空跳跃。

4. 滑板：坐在滑板上，双手在两边用力滑行至终点。

5. 羊角球：双腿分开坐在羊角球上，双脚着地，双手抓住羊角坐稳后，双脚蹬地连续跳越前行，绕过锥形筒再回到起点。

6. 高跷：双脚踩上高跷，双手上提绳子拉紧后绕障碍走，绕过所有锥形筒后走回起点。

关键经验

1. 平衡车：身体保持平衡，左右脚交替向前蹬脚踏板，连续重复多次。动作要点：左右脚交替连续蹬，动作要顺畅。

2. 平衡台：坐或在平衡台的中心上，身体保持平衡。动作要点：身体跟随平衡台的摆动而摆动。

3. 蹦床：站在蹦床中间起跳，双腿屈膝。动作要点：双脚同时蹬床起跳。

4. 滑板：坐在滑板中间。动作要点：双手同时滑行。

5. 羊角球：坐在羊角球的前半部，身体微向前倾。动作要点：双脚同时蹬地跳跃。

6. 高跷：双手拉紧绳子，拉左绳迈左腿，拉右绳迈右腿。动作要点：手脚配合协调一致。

案例二
平　衡　区

发展目标

1. 能在平衡器械上平稳地行走，提高身体的协调性、稳定性。

2. 喜欢参与平衡活动，能较好地控制自己的身体，注意安全。

材料准备

1. 木质固定材料：钻爬桶、荡桥、攀爬架、独木桥、小木桩、拱形桥、爬网。

2. 小型平衡材料：轮胎、平衡板、塑料平衡墩、平衡木。

玩法

1. 固定材料：平稳走过各种相互连接的平衡器械，大班幼儿可根据自己的能力攀登攀爬架，小中班幼儿可从攀爬架两边的器械绕行。

2. 过轮胎时，双脚交替踩在轮胎边缘，平衡板放在轮胎上时要在平衡板上行走。

3. 平衡板可根据幼儿能力正放或反放，幼儿灵活移动身体的重心，走过平衡板。

关键经验

1. 平衡能力是幼儿进行各种活动和保持身体姿势所必需的基本能力，是幼儿进行走、跑、跳、等大肌肉运动的基础。

2. 动作要点：在平衡器械上行走过程中，要控制好行走的速度，身体保持平稳，不摇晃。

案例三

推　滚　区

发展目标

1. 发展幼儿的平衡能力。

2. 增强幼儿大肌肉的控制能力。

材料准备

平衡木、半圆平衡木、拱形门、小推车、轮胎、大滚球、大滚轮、滚筒、小墩、水瓶、地板块。

玩法

1. 从一侧起点双手交替向前推动大滚轮前进，到另一侧起点，换一名幼儿推回。

2. 推滚轮胎至半圆形平衡木，将轮胎抱到平衡木上，推滚轮胎过平衡木，到达水瓶处返回。

3. 推小推车过平衡木，到水瓶处返回。

4. 推大滚球绕过小墩，钻过拱形门，到水瓶处返回。

5. 推滚筒直线前进，到水瓶处返回。

关键经验

推滚筒时，双手放在滚筒的中间位置交替推滚，滚筒倾斜时要及时调整手的位置，保证滚筒平衡向前滚。

案例四

跨跳、跑区

发展目标

1. 进行短距离往返跑、助跑跨跳等基本动作练习。

2. 增加大肌肉的灵活性。

材料准备

接力棒一根、起跑线、水瓶一个、锥形筒三组（高低区分地摆放）、板块拼成的障碍物三组、布包三个。

玩法

1. 接力跑

幼儿站在起跑线上，比赛开始，一名幼儿右手持接力棒快速向前跑，绕过前面的水瓶标志物后往回跑，将接力棒交给站在起跑线上等待的下一名幼儿后站在队尾或选择其他活动区。

2. 助跑跨跳

幼儿站在起跑线上，开始助跑跨跳时身体向上跃起，前腿抬高膝盖弯曲前脚跨过障碍，后脚同时向后高抬通过障碍。前一幼儿跨过第三组锥形筒时，后面的幼儿才能开始助跑。幼儿做完跨跳后按照指示标从左边返回队尾或选择其他区域。

关键经验

1. 幼儿将接力棒递到后面幼儿的手中，后面幼儿要握紧接力棒后再向前跑。

2. 助跑到障碍前，纵身跃起前脚高抬跨过障碍，后脚抬高，膝盖弯曲避免碰到障碍。

案例五

跳　区

发展目标

1. 发展幼儿单脚连续跳、双脚行进跳、单双脚交替行进跳的能力。

2. 提高幼儿动作的灵活性、协调性和大肌肉的耐力。

材料准备

跳袋、锥形筒、积塑块、塑料圈、轮胎。

玩法

1. 套好跳袋，手提跳袋双脚连续跳，绕过锥形筒后再跳回起点脱下跳袋。

2. 按照摆好的塑料圈，用单双脚交替行进跳的动作分别跳过单圈和双圈。

3. 用双脚跳的动作跳过高矮不同的积塑块，到达终点。

4. 用双脚跳的动作跳进、跳出轮胎，到达终点。

关键经验

1. 双脚连续跳：双脚同时起跳，并在起跳时向前移动，连续重复多次。动作要点：双脚必须同时起跳，同时向前移动。

2. 单双脚交替行进跳：单脚跳时，单脚起跳，另一只脚收于起跳腿旁。单双脚交替行进跳时，在行进中单双脚交替跳。动作要点：动作要自然，在行进中完成时要顺畅。

3. 双脚跳过障碍：双脚同时起跳，并在起跳时越过障碍物。动作要点：双脚必须同时起跳，并要越过障碍。

案例六

走　　区

发展目标

1. 发展幼儿身体的协调性，锻炼平衡能力与腿部肌肉力量。

2. 激发幼儿对体育活动的兴趣。

材料准备

积塑块、纸砖、锥形筒。

玩法

1. 小马蹄过障碍走：脚踩小马蹄，迈过障碍物，按照指定路线行进，到达终点。

2. 小马蹄曲线走：按照摆好的路线，脚踩小马蹄变换方向走，到达终点。

3. 蹲走：按照指定路线蹲走行进，到达终点。

关键经验

1. 小马蹄过障碍走：双脚同时踩住小马蹄的中央，双手紧握绳子，稍用力向上提拉，使马蹄紧贴脚掌，双脚自然迈步走。绳子没有收紧时不要着急走，防止踩空摔倒。越障碍

时双脚交替抬高迈过障碍物。如果没有掌握小马蹄的玩法就先不要过障碍，可以先练习走曲线。

2. 小马蹄曲线走：双脚同时踩住小马蹄，双手紧握绳子向上提，双脚自然迈步走。走时沿路线变换方向走，不踢到旁边的积塑块。脚踩马蹄平稳地沿路线行进，保持身体平衡。

3. 蹲走：身体保持全蹲姿势，双臂前后摆动保持平衡，双腿前后交替向前行进。不能在行进中直起身子，也不能半蹲着走。

案例七

爬　区

发展目标

1. 通过练习手膝爬、手足爬、匍匐向前爬和翻滚动作，发展幼儿动作的协调性和平衡能力。

2. 引导幼儿、感受爬行、翻滚运动带来的乐趣，并鼓励幼儿探索多种方法。

材料准备

宽垫子、窄垫子、轮胎、地板块、水瓶、纸盒、布包。

玩法

1. 幼儿从起点出发，按照摆好的地板块，用手足爬的方式前进。当遇到水瓶或布包障碍时，双手交替越过障碍，继续行进。

2. 幼儿从起点出发，按照摆好的窄垫子，用手膝爬的方式前进。当幼儿爬到轮胎处时，可以继续使用手膝爬，爬过轮胎到达匍匐区时也可继续向前爬，爬到窄垫子与宽垫子的交接处时，换翻滚动作行进。

3. 幼儿从起点出发，顺着摆好的宽垫子匍匐前进，到达宽垫子与轮胎的交接处时，可以变为手膝爬或手足爬，也可继续匍匐行进爬到终点。

关键经验

1. 手足爬：双手、双脚着地，臀部翘起，手脚交替向前爬，直到终点。

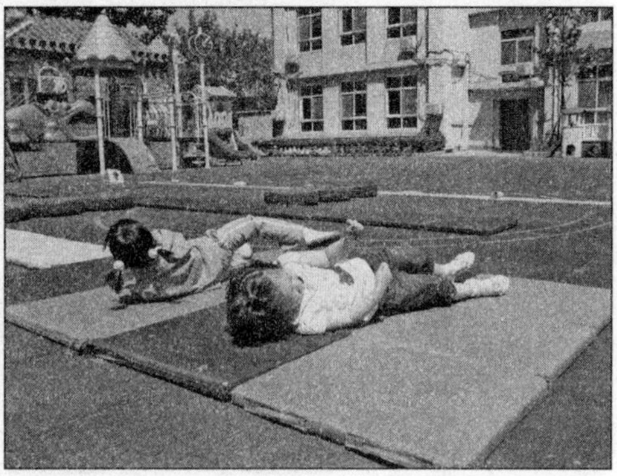

动作要点：臀部翘起，手足交替，连续向前爬。

2. 手膝爬：双臂放在垫子上支撑身体，双膝跪在垫子上，手膝交替向前爬，连续重复直到终点。动作要点：双臂要用力支撑身体，并与下肢协调交替向前爬，在活动过程中保持身体的平衡。

3. 匍匐爬：身体趴在垫子上，下巴抬起，做好准备。双臂弯曲与下肢交替运动，带动身体向前爬行。连续重复直到终点。动作要点：身体要平趴在垫子上，双臂与下肢能协调交替地连续向前爬行。

4. 翻滚：平躺在垫子上，用上臂、腰、腹、腿部力量带动整个身体向前滚动，直到终点。动作要点：身体连续向前滚动，并控制滚动的方向。

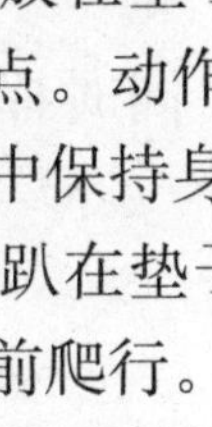

案例八

投　掷　区

发展目标

1. 幼儿能够将包投掷过网，掌握投掷的技巧。

2. 通过游戏培养幼儿的团队精神和竞争意识。

材料准备

布包、羽毛球网、拱形门、投篮线。

玩法

幼儿拾起地面上的包，站在投篮线后，将包投掷过网到对面的区域，投掷时要注意安全。

关键经验

1. 投掷时，身体面向投掷方向，两脚前后分开。

2. 单手持包，身体中心向前移，后脚蹬地，同时挥臂使劲将包向斜前方掷出。

案例九
钻　区

发展目标

1. 能够动作协调的完成正面钻、侧面钻的动作。

2. 灵活运用钻的动作，钻过过不同的障碍物。

材料准备

拱形门、圆形门、半圆形门。

场地布置

1. 将两个蓝色的半圆形门并排放置在起点，作为入区标志。

2. 将两个红色的半圆形门并排放置于终点，作为出区标志。

3. 将拱形门和圆形门在起点和终点之间的区域间横竖交错摆放成迷宫状。

玩法

1. 从起点处蓝色的半圆形门进入迷宫。

2. 进入迷宫后自选行走路线，以正面钻的动作通过拱形门，以侧面钻的动作通过圆形门。

3. 从终点处红色的半圆形门钻出迷宫，结束游戏。

关键经验

1. 正面钻：适于钻较高的障碍，要低头、弯腰、屈腿。

2. 侧面钻：适于钻较低的障碍。侧对障碍，离障碍远的腿弯曲下蹲，近的腿迈过障碍，低头弯腰，然后前移重心，同时转体过障碍。

三、自由自选及一物多玩活动

（一）定义

自由自选及一物多玩活动是一种纯自由和分散性活动，教师只需提供丰富、有层次、多功能的材料，让幼儿自由选择，与材料互动即可。教师要注意引导幼儿创新玩法，提高运动技能，丰富运动经验，创造性地开展活动。

（二）内容及功能

自由自选及一物多玩活动内容十分广泛，只要是幼儿喜欢和熟悉的材料都可以，如纸盒、纸箱、瓶子、轮胎等各种废旧物，或者是皮筋、大红布……这些材料在幼儿的手中可以变幻出各种各样奇妙有趣的活动内容。

自由自选及一物多玩活动为幼儿提供了宽松、可创造的环境。通过自由自选户外体育玩具探索单一器具的多种玩法，能增强幼儿体育活动的兴趣和主动性、坚持性。自由自选及一物多玩活动还可以发展幼儿的探索精神和合作交往能力，培养幼儿不怕挫折、勇于创新的良好品质。

（三）指导策略

为幼儿提供的自选材料要便于幼儿堆高、拉伸、摆放。在幼儿选好材料进行游戏时，教师要注重分层指导，引导幼儿从简单玩法玩起，以点带面，逐步进行复杂练习。在游戏中可发挥同伴的作用，鼓励幼儿与同伴合作，在共同游戏中不断创新出多种玩法。注意关注运动量较大、易出汗的幼儿，并及时调整其活动量，如请幼儿作裁判、引导幼儿改变器械的玩法等。活动后应注意帮助幼儿总结提升活动经验，便于幼儿进一步创新玩法。

（四）案例分享（13 个）

案例一

报纸的一物多玩

游戏 1　好玩的高尔夫

目标

增强幼儿的手臂力量及手臂的控制能力。

玩法

1. 将纸球放在起点处，参加游戏的人站在球旁，持纸棍击打纸球，像打高尔夫球一样将球击打至终点线外。

2. 可进行比赛，击球远者为胜。

游戏 2　飞起来的报纸

动作要点

在跑步过程中，双手不可触及报纸。

玩法

参加游戏的人站在起点线外，将报纸贴在胸前跑到终点，看谁的报纸不掉下来。触及报纸的算犯规，停止游戏一次。

游戏 3　报纸跳跳跳

目标

练习双脚行进跳，培养幼儿双脚、双腿的控制能力。

玩法

在铺有剪好报纸图形的地面上，在报纸空挡间做跳跃动作可以双脚跳，可以单脚跳。

游戏 4　我学螃蟹走

目标

提高幼儿的平衡能力，增强幼儿的合作能力。

玩法

两位幼儿背靠背把报纸夹起来，手臂伸直，身体紧靠着，像螃蟹一样横着走，两人齐心协力不让报纸掉下来。

游戏 5　打怪兽

目标

练习幼儿投掷的动作。

玩法

预先做好若干怪兽的脸，把报纸搓成球状。幼儿拿纸球打怪兽。

案例二

大红布的一物多玩

游戏 1 过红毯

目标

练习各种各样的爬。

玩法

选择不同的爬法（手足爬、手膝爬、匍匐爬），爬过红毯。每个小朋友之间保持适宜的距离。

游戏 2 我是“压路机”

目标

练习翻滚的动作要点。

玩法

在大红布上躺好再向前翻滚，每个小朋友之间保持适宜的距离。

游戏 3 好玩的桥墩

目标

用蹲走和屈身走的方式绕着“桥墩”走。

玩法

几名小朋友站在大红布的两侧，手举红布，有高有矮，当作“桥墩”。孩子根据高矮，选择蹲走或屈身走的方式绕过桥墩。

游戏 4 过山洞

目标

能够在看不见前方道路的情况下，双手在头顶前后倒手，快速冲过大红布。

玩法

两名小朋友站在红布前方，手拿红布作洞口，小朋友排好队，一个一个跟着向前跑，跑的过程中双手在头顶前后倒手。不能跑到“洞”外面，跑的速度要快。

游戏 5 快乐的小青蛙

目标

锻炼幼儿跳远的能力。

玩法

像小青蛙一样在红布的两侧左右跳。

游戏 6 快乐的小火车

目标

增强幼儿的集体合作能力。

玩法

幼儿骑在大红布上，双手抓好大红布，大家一起喊口令“一二一二”原地踏步，等大家步伐一致后，像开小火车的小司机一样骑着大红布向前走。

案例三 好玩的垫子

游戏 1 蚂蚁回家

目标

通过练习手膝爬及匍匐前进的动作，培养幼儿上下肢的协调能力。

玩法

将垫子摆成一排，幼儿进行手膝爬及匍匐前进的动作练习。

游戏 2 滚来滚去

目标

发展幼儿的腰部力量。

玩法

将垫子并排摆成两排，幼儿进行翻滚练习。

游戏 3　过小河

目标

通过练习跳、蹲走、跑的动作，提高幼儿身体的灵活性。

玩法

将垫子搭成三角形，摆成一排，幼儿进行绕障碍跑、跳、蹲走等练习。

游戏 4　小羊过山

目标

练习跨跳的动作，增强幼儿下肢的力量及身体的协调能力。

玩法

将垫子之间空有距离地摆成一排，幼儿进行双脚连续跳的练习。

游戏 5　小动物走迷宫

目标

练习走、双（单）脚跳、蹲走等动作，提高幼儿身体的灵活性及多种跳跃能力。

玩法

将垫子竖起摆放成“迷宫”，幼儿可以在迷宫里进行走、跑、双（单）脚跳、蹲走等动作的练习。

游戏 6 小山高又高

目标

练习攀爬的动作，发展幼儿身体的平衡能力及上下肢的协调性。

玩法

将垫子不规则堆放，幼儿进行攀爬活动。

游戏 7 好玩的多米诺

目标

练习爬、跳等动作，发展幼儿下肢肌肉力量及身体的平衡能力。

玩法

将垫子摆放成“多米诺骨牌”状，幼儿进行走、爬、跳等动作练习。

案例四

绳的一物多玩

游戏 1 翻饼烙饼

目标

锻炼幼儿上肢的灵活性与协调性，培养幼儿的合作能力。

玩法

1. 两位幼儿面对面站好，两人拿着一根绳，两个人边说《翻饼烙饼》的儿歌边玩绳。

2. 可几个小组进行比赛，哪组翻的速度最快哪组得第一。

游戏 2 跨跳障碍

目标

学习跨跳动作，锻炼幼儿身体的协调性和跳跃能力。

玩法

1. 请两名幼儿分别拿起绳子的两端，将绳子离地面约 20～30 厘米的距离，其他幼儿从绳子上面跳过去，练习跨跳动作。

2. 绳子离地的距离视幼儿能力而定，拿绳的幼儿不能随便移动绳的位置，保证幼儿的安全。

游戏 3 左右行进跳

目标

练习左右行进跳，锻炼身体的协调性和跳跃能力。

玩法

将绳子在地上放直，幼儿利用绳子练习左右两侧行进跳。

游戏 4　单双脚跳

目标

练习单双脚跳的动作，锻炼身体的协调性和跳跃能力。

玩法

将十来根绳子间隔 50 厘米摆放，幼儿练习双脚向前行进跳和单脚向前行进跳。

游戏 5　小熊跳跳跳

目标

能够随绳的起伏练习双脚原地跳的动作，锻炼幼儿的跳跃能力。

玩法

两位幼儿相距 2～3 米，面对面站好顺着一个方向抡绳子，另一名幼儿站在绳子中间原地跳，可以边说儿歌边做动作跳绳。

游戏 6　跳跳绳

目标

练习手和脚配合跳，锻炼幼儿的手臂力量、身体的协调性和合作能力。

玩法

每位幼儿自己拿一根绳练习原地跳绳，或两个幼儿合作跳一根绳。

游戏 7　立定跳

目标

学习立定跳的动作，练习摆臂和双脚同起同落的协调性。

玩法

把绳依次摆放好，两两间隔一米左右，幼儿练习立定跳远。

游戏 8　拔河

目标

增强幼儿的上肢力量，发展幼儿身体的控制能力。

玩法

将幼儿分成人数相同的两队，分别站在绳子的两边。在绳子的中间系一根红绳，两队进行拔河比赛，红绳先被拽到哪队范围，哪队就获胜。

游戏 9　两人三足

目标

两个幼儿通过合作共同完成游戏，发展幼儿身体的协调性与合作能力。

玩法

两个人一组，可多请几组进行比赛，将一人的左腿和另外一人的右腿用绳子系在一起，从起点出发，最先走到终点线的组获胜。

游戏 10　站绳子

目标

通过走、跳、跑等多种动作练习，提高幼儿的反应能力与分辨颜色的能力。

玩法

1. 准备多种颜色的绳子（如红、黄、蓝、绿等），以一个点为轴心，依次隔一段距离摆放一根绳子，幼儿可以绕着绳子进行走、跳、跑等动作的练习。

2. 当听到口令或信号声便立刻找到相应颜色的绳站好，游戏结束。

3. 此游戏可反复进行。

游戏 11　捕小鱼

目标

通过练习钻的动作，锻炼幼儿的身体灵活性与躲闪能力。

玩法

1. 两名幼儿拿着一根绳，绳距离地面半米左右，幼儿将绳拉平站好。

2. 其余幼儿边说儿歌边从绳的下面钻过去，念完儿歌，拉绳幼儿就用绳去捕小鱼。

3. 此游戏可反复玩，但要注意安全，不要勒着幼儿。

游戏 12　开火车

目标

学习火车连接的方法，感知合作带来的乐趣。

玩法

1. 利用绳子将幼儿连成小火车，排在中间

的幼儿既要牵着自己的绳，又要牵着前面幼儿的绳。

2. 大家可以一起向前走或跑，锻炼幼儿的合作能力。

游戏 13　钻山洞

目标

练习弯腰低头走和蹲走的技能，体验游戏的快乐。

玩法

1. 四名幼儿分成两对，分别将绳子摆成高低不等的两个小山洞，幼儿依次钻过。

2. 要求手不要触到绳子和地面。

3. 一组玩完后再换另外一组，依次轮换着玩。

游戏 14　小企鹅

目标

练习手脚一致的动作，锻炼身体的协调性。

玩法

两脚之间分开一点踩在绳子上，两手向手拉紧绳，模仿小企鹅走路。

游戏 15　捉尾巴

目标

锻炼幼儿的奔跑能力，使其能有意识地进行躲闪。

玩法

幼儿将跳绳折三次，夹在裤子后面，然后在操场上自由奔跑，抓别人的尾巴，而自己的尽量不让别人抓住。

案例五

板块的一物多玩

游戏 1　顶板块

目标

培养幼儿的平衡能力。

玩法

将自己的板块顶在头顶，向前行走，尽量不让其掉下来。

游戏 2　障碍跳

目标

培养幼儿双脚行进跳、单脚行进跳、左右两侧行进跳和跨跳等多种跳跃能力。

玩法

1. 将板块摆成一条直线，幼儿可以利用它练习左右两侧行进跳。

2. 将板块有距离地摆开，幼儿利用它练习跨跳和S形跑。

3. 将板块间隔50厘米左右摆放，幼儿进行双脚行进跳和单脚行进跳练习。

游戏 3　走小路

目标

培养幼儿的平衡能力，锻炼幼儿的腿部肌肉力量。

玩法

将板块摆成直线、弧线、曲线等多种造型的小路，小朋友在上面练习平衡走。

游戏 4　拼板块

目标

培养幼儿的手眼协调能力。

玩法

老师发出口令，例如“两个小朋友一组拼板块”，幼儿便自由结合，又快又好地将板块拼好。

游戏 5　过小河

目标

锻炼幼儿身体的协调能力。

玩法

每个幼儿拿两块板块搭桥，板块轮换着向前移动，脚只能踩在板块上。

案例六

铁盒的一物多玩

游戏1 走小路

目标

培养幼儿的平衡能力。

玩法

将幼儿收集的铁盒摆成一条小路，幼儿踩在上面练习平衡走。

游戏2 打保龄

目标

培养幼儿手眼协调能力。

玩法

幼儿分成几个小组，各组幼儿把铁盒立起来，用皮球击打铁盒，小组之间可进行比赛。

游戏3 铁盒过桥

目标

培养幼儿的平衡能力。

玩法

将铁盒推过有障碍的小桥。

游戏4 赶铁盒

目标

发展幼儿的手眼协调能力和控制能力。

玩法

将铁盒立起来，用小棍赶着铁盒向前走。

游戏5 跳障碍

目标

提高幼儿双脚行进跳和单脚行进跳的能力。

玩法

将铁盒有距离地摆开，幼儿可以利用铁盒练习跨跳，也可以练习单脚绕S线跳。

案例七

易拉罐的一物多玩

游戏 1　瞄罐击罐

目标

发展幼儿的手眼协调能力和击准能力。

玩法

将空罐放在地上的圈内，幼儿拿一个罐站在两米开外（可根据幼儿自身能力调整距离），瞄准圈内的罐击打。

游戏 2　投篮

目标

发展幼儿投掷的动作。

玩法

在场地上摆放一个轮胎，幼儿站在离轮胎 1～3 米处，手拿易拉罐投进轮胎中，投进一个得一分。

游戏 3　小兔跳

目标

发展幼儿双脚、单脚行进跳过障碍、跨跳的能力。

玩法

1. 将易拉罐有距离地堆放成不同高度的障碍物，幼儿练习双脚或单脚跳过障碍物和跨跳的动作。

2. 将易拉罐有距离地排成直线，幼儿练习 S 形跳和 S 形跑。

游戏 4　打保龄

目标

培养幼儿手眼协调能力。

玩法

将易拉罐摆放成三角形（如同保龄球），幼儿在两米外的地方用皮球击打易拉罐。击倒一个易拉罐得一分，可分组进行比赛。

游戏 5　过小河

目标

培养幼儿的平衡能力。

玩法

用胶带将易拉罐三个三个绑成一组，摆放成河里的石头，幼儿从石头上走过。

游戏 6　易拉罐对滚

目标

发展幼儿的推滚动作。

玩法

将罐子装一些豆豆，幼儿两人相对滚罐。豆子沙沙响的声音，能增加游戏的趣味性。

游戏 7　踢足球

目标

发展幼儿的跑步动作、腿部力量及动作的灵活性。

玩法

用易拉罐摆放成球门状，另取一个易拉罐当球。幼儿分成两队，每队派一名幼儿当守门员。裁判用长哨声发出信号，两队球员开始踢球，把球踢进对方球门一次得一分。

游戏 8　穿越树林

目标

锻炼幼儿的腿部力量，培养幼儿的平衡控制能力。

玩法

将易拉罐在场地上摆放成树林状，幼儿单脚跳，沿着不同的线路从树林中穿过。在穿越树林的过程中，另一只脚不能着地，也不能碰倒大树。如果碰倒了大树，原路返回，重新游戏。

案例八

小棍的一物多玩

游戏 1　跳障碍

目标

培养幼儿双脚原地向上跳、向前行进跳、单脚向前行进跳、左右两侧行进跳等多种跳跃能力。

玩法

1. 两名幼儿分别拿起小棍的两端，让其他幼儿从小棍上面跳过去。注：小棍离地距离视幼儿能力而定，拿小棍的幼儿不能随便移动小棍的位置，保证幼儿的安全。

2. 将小棍竖着摆放好，幼儿可利用小棍练习左右两侧行进跳。

3. 将小棍间隔 50 厘米摆放，连续摆成一竖列，幼儿可以练习双脚向前行进跳和单脚向前行进跳。

游戏 2　钻山洞

目标

钻的过程中不能碰到小棍，提高躬身钻的动作的灵敏性。

玩法

两列幼儿面对面站好，请面对面的幼儿拿起小棍的两端，搭成长长的山洞。最前面的两名幼儿钻过山洞，站到队尾再搭好。注：山洞的高矮可调节，搭山洞的幼儿要握紧小棍，保证幼儿的安全。

游戏 3　钻过障碍区

目标

练习侧身钻，提高动作的灵敏性。

玩法

请两名幼儿面对面站好，握住两根小棍的两端，双手分开，一手在上，一手在下（离地 30 厘米左右），其他幼儿迈过下面的小棍，再从中间钻过去。

游戏 4　投掷游戏

目标

练习标枪投掷，发展上肢肌肉力量。

玩法

一手托在小棍的中间，同侧腿后撤一步，用力向前方投掷小棍。

案例九

圈的一物多玩

游戏 1　转起来

目标

增强幼儿手臂的力量。

玩法

1. 把圈套在胳膊上，轻轻转动手臂。

2. 可进行比赛，谁的圈在手臂上转的时间长谁获胜。

游戏 2　小司机

目标

通过角色游戏，帮助幼儿了解交通规则并能够遵守交通规则。

玩法

用圈做方向盘，开展小司机开车的游戏。

游戏 3　小火车

目标

培养幼儿合作游戏的能力。

玩法

把圈套在腰部，每个小朋友的手都握住自己的和前面小朋友的圈，然后像小火车一样往前走。

游戏 4　手脚爬

目标

练习手脚着地灵活地向前爬。

玩法

把圈挨着圈摆成直线或是S路线，幼儿两手在圈里，两腿劈开在圈的两侧，进行手脚爬。

游戏5　钻

目标

练习侧身钻过障碍，体验相互合作的乐趣。

玩法

1.3～5个小朋友蹲成一排，手扶着圈，使圈立在地上。

2.一个小朋友从第一个圈依次钻出最后一个圈，最后一个小朋友把圈交给刚钻完的小朋友自己开始钻圈。游戏依次进行。

游戏6　滚圈游戏

目标

利用上肢和手臂的力量，用力向前推圈。

玩法

手拿着圈立在地上，游戏开始后用力往远处滚圈，看谁的圈滚得最远。

游戏7　跳

目标

培养幼儿双脚行进跳、单脚行进跳、单脚双脚交替行进跳的能力。

玩法

1. 双脚在每个圈里行进跳。

2. 单脚在每个圈里行进跳。

3. 单脚双脚交替在圈里行进跳。

游戏 8　抢圈游戏

目标

增强幼儿的反应能力和动作的灵活性。

玩法

1. 控制圈的数量，比参加游戏的小朋友少一个即可。

2. 老师摇铃，小朋友听铃声围着圈走，当铃声停的时候，小朋友赶快找一个离自己最近的圈跳进去站好，谁没有抢到圈就淘汰出局。

3. 拿走一个圈接着玩，当减少到一个圈的时候，谁能够抢到圈，谁就是最终的获胜者。

案例十

包的一物多玩

游戏 1　我会保护包宝宝

目标

练习幼儿的平衡能力。

玩法

将沙包顶在头上，向前行走，尽量不让其掉下来。

游戏 2　夹包跳

目标

提高幼儿双脚、双腿的控制能力，练习双脚行进跳。

玩法

将包夹在双脚或是大腿中间，进行双脚行进跳。

游戏 3　飞得高

目标

练习幼儿抛接的能力。

玩法

幼儿将包使劲向上抛，然后接住自己抛出去的包。

游戏 4　砍包

目标

练习幼儿抛准及躲闪的能力。

玩法

至少三人一组，两边各站一名幼儿，中间站一名幼儿。站在两边的一名幼儿将包抛向中间的幼儿，中间的幼儿要迅速躲闪，若中间的幼儿被包打中，则要与打中自己的那名幼儿互换角色，继续游戏。

案例十一

纸 球 大 比 拼

游戏 1　赶小猪

目标

增强幼儿手眼协调能力和对皮球的控制能力，提高身体的协调性。

玩法

幼儿用小棍或小拍子赶着纸球小猪绕障碍走，也可以利用小棍将纸球打入预先设置好的洞内。

游戏 2　托纸球

目标

用拍子托着纸球走，提高手眼协调的能力以及身体的控制力。

玩法

幼儿用拍子托着纸球走，可以走直线，也可以绕障碍走。

游戏 3　纸球高手

目标

发展幼儿的上肢力量和手眼协调能力，让幼儿体验相互合作的乐趣。

玩法

两个或者多个小朋友互相用拍子或手接抛纸球，尽量让纸球不掉到地上。

游戏 4　投球掷准

目标

锻炼幼儿的上肢力量和手眼协调能力。

玩法

将纸球有目的地投向标志物，可以投篮筐，也可以打怪兽。

游戏 5　平衡小人

目标

幼儿在游戏中精神集中，并能保持身体的平衡。

玩法

幼儿将小纸球顶在头顶，保持身体平衡，确保小纸球不掉下来，幼儿可以直线行走，也可以绕障碍走。

游戏 6　夹球跳

目标

增强幼儿腿部肌肉的力量，发展身体的协调性。

玩法

将小纸球在双腿之间夹好，双脚并齐行进跳，既可直线前进，也可以绕障碍前进。

案例十二

花 样 玩 轮 胎

游戏1 爬的游戏

目标

练习手膝爬和手脚爬。

玩法

将轮胎一个挨一个地摆成一排，幼儿从上面爬过。

游戏2 过小桥

目标

练习平衡走过轮胎，提高身体平衡能力。

玩法

将轮胎摆放如图，幼儿在轮胎上平稳走过。

游戏3 爬山

目标

练习攀爬的动作。

玩法

将若干轮胎随意摆放，堆放成小山状，幼儿练习攀爬到山顶。

游戏 4　大力士

目标

借助绳子拉动轮胎，增强臂力和身体协调能力。

玩法

将绳子套住轮胎，幼儿用力拉动轮胎。

游戏 5　轮胎跳跳乐

目标

练习双脚跳。

玩法

将轮胎摆成一排，轮胎之间间隔相等的距离，幼儿进行往前跳进轮胎和跳出轮胎的练习。

游戏 6　车轮滚滚

目标

练习推滚轮胎，提高身体的协调能力。

玩法

将轮胎立起来，两手交替向前推滚。

案例十三

酸奶盒的一物多玩

游戏 1 平衡走

目标

发展幼儿身体的平衡能力。

玩法

1. 用酸奶盒摆出宽窄不同的小路，让幼儿在酸奶盒中间行走。

2. 可进行比赛，在行进中，酸奶盒不倒下且速度最快者为胜。

游戏 2 我会跨跳

目标

发展幼儿助跑跨跳的能力。

玩法

将酸奶盒摆成有一定宽度和高度的障碍物，幼儿从起跑线出发，靠近障碍物时，用助跑跨跳的方法越过障碍物。

游戏 3 双脚越障碍连续跳

目标

双脚同时起跳，并在起跳时越过障碍物。

玩法

将几个酸奶盒横着摆放，酸奶盒之间相距 50 厘米左右。幼儿从起始线出发，双脚并拢持续跳过障碍物。脚踩到酸奶盒算犯规，停止游戏一次。

游戏 4 单脚绕障碍连续跳

目标

单脚起跳，另一只脚收于起跳腿旁。发展幼儿下肢的力量及身体的协调能力。

玩法

1. 将几个酸奶盒竖着摆放，盒子之间相距 30 厘米左右，练习绕障碍曲线跳。

2. 可进行比赛，在行进中，不碰倒酸奶盒且速度最快者为胜。

游戏 5　左右行进跳

目标

双脚同时跳起，向左、向右行进跳，并在跳起时躲过障碍物。发展幼儿的跳跃能力及身体平衡能力。

玩法

将酸奶盒竖着摆放，摆成一行。幼儿从起始点开始，练习双脚连续左右行进跳。看谁能以最快的速度跳到终点。

游戏 6　立定跳远

目标

双臂前后摆动，双腿用力蹬地，双臂带动身体向前向上起跳，越过障碍物。锻炼幼儿下肢、腹部的力量。

玩法

将酸奶盒横着或竖着摆放，摆成 60～80 厘米宽窄不同的小河。幼儿站在酸奶盒旁边，跳过障碍物。踩到障碍物者算犯规，停止游戏一次。

游戏 7　头顶走

目标

发展幼儿身体的平衡能力。

玩法

幼儿从起始线出发，将酸奶盒顶在头顶上向前行走，酸奶盒掉下来的幼儿要重新回到起点，最快走到终点的幼儿为胜利者。

游戏 8　手足爬

目标

双手、双脚着地，臀部翘起，手足交替向前爬。

玩法

将酸奶盒竖着摆放，摆成一行或两行，幼儿从起点出发，手足爬到终点，速度最快者为胜。

四、运动会

运动会是以年龄组或班级为单位开展的竞赛性、游戏性运动集会，是一种以团体参与方式为主的大型体育活动组织形式。

运动会以其团队活动特有的精神氛围、竞赛游戏方式等特点，深受幼儿喜爱。能激发幼儿参与锻炼的兴趣，提高幼儿参与活动的积极性，也为幼儿提供了一个互相学习、交流的机会。运动会可根据需要以亲子活动、班级运动竞技等形式开展，可以成为向家长开放幼儿体育锻炼成果的展示平台，向家庭普及健康教育，以获得家长对幼儿体育锻炼的更多了解和支持。

（一）内容

运动会的主要内容可包括如下方面。

1. 准备：运动员入场，园长或组长讲话。
2. 表演内容：幼儿团体操、器械操、体育游戏、集体舞等。
3. 比赛内容：基本动作项目、骑小车、球类动作等。
4. 区域游戏：小班循环区活动、中大班开放性区域活动。
5. 发奖：请园长为优胜集体发奖品。

（二）指导策略

针对小班幼儿刚进入集体生活表现得情绪不稳定、依赖性强、理解能力有限、自主性水平也较低，胆小、怕生、不会合作，缺乏运动体验的特点，开展运动会活动，可以使幼儿逐步适应集体活动的氛围，克服不良情绪。中大班幼儿已经有了初步的合作、竞争意识，幼儿喜欢富于刺激、挑战的活动。所以中大班运动会可以增加基本动作为主的竞赛内容。

在准备工作中可根据幼儿年龄特点和运动水平制定运动会的计划，事先策划好运动会的各项程序和运动项目。同时，注意准备好器材和场地，检查其安全性。在运动会进行中，应严格遵循计划好的程序，注意各项程序衔接紧凑，并营造活泼的会场氛围。在组织策略上应注意运动会项目的选择应与日常的体育活动目标一致，以锻炼幼儿身体为目的。项目选择不宜过多，要适宜幼儿年龄特点，能够面向全体，让每个幼儿都有参与的机会。在运动会中还要注意幼儿的运动负荷，会后应让幼儿很好地休息。

（三）案例分享

××幼儿园秋季运动会

1. 运动会项目安排

顺序	班级	游戏名称
1	大班	圈操表演
2	小二班	快乐的小青蛙
3	贝贝班	蚂蚁搬豆
4	大班	轮滑表演
5	小一班	占领碉堡
6	中一班	快乐的拼图赛
7	中二班	小小运输队
8	教师	街舞表演
9	大二班	和时间赛跑
10	大一班	蜈蚣竞走
11	家长表演	拔河比赛

2. 运动会前准备

①各班搬椅子在场地四周坐好。（注意立好班牌，为每班准备好适量的水）

②在幼儿座位后面摆好椅子供家长坐。

3. 运动会主持词

①开场白

各位家长、各位老师、小朋友们：大家好！××幼儿园第×届幼儿运动会现在开始。首先让我们用热烈的掌声欢迎爷爷奶奶、爸爸妈妈来参加我们的运动会！本届运动会的主题是“我参与 我快乐”。首先请园长为本次运动会致开幕词。（然后是请小朋友代表讲话）

运动会第一项是由大班的哥哥姐姐为我们表演的圈操。这套操是大班幼儿每天必做的课间操，是我园教师根据大班幼儿身体发展特点创编的。在操节中，幼儿充分利用呼啦圈这一运动器械完成韵律操、队形变换、钻、爬、蹦、跳等多套动作，使自己的体能得到了极好的锻炼。让我们为哥哥姐姐们的精彩表演加油！鼓掌！

②运动会游戏项目串词

◆本次运动会我们特地请陈老师担任裁判，小朋友在比赛的过程中要听好裁判的哨声，看到裁判手中挥动的小红旗再开始游戏。让我们请出小二班快乐的小青蛙们。小青蛙将分成红黄蓝绿四队，他们要跳着羊角球完成套圈找朋友的任务。这个游戏通过跳羊角球发展幼儿动作的协调性。小青蛙们真可爱！看他们跳得多起劲呀！小青蛙们加油，用力向前跳！注意一定要把手里的彩圈套在动物朋友的身上。

◆下面请出我们幼儿园的小可爱们——贝贝班的小朋友。他们今天进行的游戏是：蚂蚁搬豆。小蚂蚁们愿不愿意帮妈妈做事呢？好，咱们听儿歌帮妈妈拾豆子。小蚂蚁真神气，跟着妈妈拾豆去，蹲着走到垫子旁，爬过垫子拾豆忙。小小蚂蚁力气大，快点爬快点跑，抱好豆子跑回去。加油！加油！别看我们年纪小，一样可以做妈妈的好帮手。

◆下面由大班小朋友为我们带来精彩的轮滑表演。轮滑对孩子来说是一项具有挑战性的运动，这项运动既有竞技性，又有欣赏性、娱乐性，能够满足孩子们追求刺激和享受成功感的需要。孩子们在练习轮滑的过程中，不仅发展了平衡协调能力，更锻炼了坚韧不拔、不怕吃苦的意志，对孩子们的身心发展都是十分有益的。看，轮滑队员的身体动作多么协调。让我们合着欢快的节拍，为他们加油鼓劲吧！

◆现在场上将要进行的游戏项目是小一班的“占领碉堡”。小一班的小小运动员们将分别骑小车、开汽车、骑滑板车绕障碍到达碉堡，将彩旗插入碉堡中。小朋友注意，过障碍时，不能碰到障碍物，碉堡上的彩旗一定要插牢。比一比，看哪一队插得多、插得快！

◆接下来场上要进行的游戏项目是中一班的快乐的拼图赛。中班小朋友将在合作、协商的过程中用小棍拼摆出不同的图案。小朋友可以猜一猜他们要拼摆的是什么图案。小朋友用力跨过小河，加油，快点爬！五角星马上就要拼好了，小朋友快为他们加油！

◆下面进行的游戏项目是中二班的亲子游戏：小小运输队。这个运输队是由小朋友和爸爸妈妈组成的，小朋友要用筐把球运给家长，爸爸妈妈要用筐底托球把筐和球交给下一个小朋友。让我们一起为小朋友和爸爸妈妈加油吧！

◆我们幼儿园不仅有高素质的家长，更有充满活力的教师队伍。今天的运动会上，就请我们幼儿园里最有活力的老师们为小朋友表演一段街舞。现在让我们伴着欢快的旋律，踏着强劲的节奏，为老师们鼓掌加油吧！

◆接下来进行的游戏项目是大二班的“和时间赛跑”。大二班现在进行的主题教育活动就是认识时间，体会时间的珍贵。游戏中幼儿不仅要跑、跳、拍球，更要抓紧时间相互配合，拼摆出两个大时钟。让我们为他们加油，希望我们每个小朋友都学会抓紧时间，珍惜时间。

◆大一班小朋友为我们带来的是“蜈蚣竞走”。小朋友看大哥哥大姐姐蹲成一长排像不像大蜈蚣呢？这四队大蜈蚣必须团结合作、协调一致才能取得胜利。加油！加油！看哪一队先到达终点，插上红旗。

◆下面进行最后一项游戏：“大力士爸爸拔河比赛”。让我们请出大班和中班各15名爸爸，再展现一下爸爸们的力量。

③结束词

××幼儿园第×届秋季运动会圆满结束，希望全体小朋友天天都能积极锻炼，成为又健康又快乐的好孩子！

五、远足

远足是教师或家长根据幼儿的年龄特点和能力水平，结合周边环境有计划、有目的地组织幼儿步行到离园较远的公园、野外等目的地的活动，开阔幼儿视野、锻炼幼儿体魄。

（一）内容及功能

远足活动是以走为主的健身运动，根据幼儿园周边环境可组织公园远足、爬山远足、负重远足等多种远足内容。它能增进幼儿与大自然的亲密接触，丰富幼儿的社会知识经验。远足中，幼儿充分沐浴阳光、新鲜空气，可陶冶情操，磨炼意志，既发展体能，又能培养幼儿的集体精神和独立性、自主性，并开阔幼儿的视野。

（二）指导策略

远足活动的距离长短或远近，应根据幼儿年龄及体能状况来确定，距离由近及远，时间由短到长，逐步增加，体现循序渐进、逐步适应的原则。活动地点的选择以及远足的过程中，应充分考虑幼儿的安全，在出发前做好踩点及全面的规划工作，如提醒幼儿穿合适的服装、鞋。随着幼儿体能的增长，可适当增加负重远足活动。远足活动可以与各个领域的活动相结合，使其成为综合的教育活动，充分挖掘其教育价值。每次活动中，对幼儿提出观察、锻炼的要求，方便幼儿有针对性地进行活动。

（三）案例分享

××幼儿园春季远足活动

1. 目标

（1）通过远足活动锻炼幼儿徒步行走的能力，增强幼儿的体质。

（2）在远足活动中培养幼儿的坚持性、独立性等良好的意志品质，同时开阔幼儿的视野，丰富幼儿的生活，引导幼儿观察、欣赏大自然中的美。

2. 各年龄班远足路程及时间规划

	次序	路程	往返时间
小班	1	0.25 公里	30 分钟左右
	2	0.5 公里	50 分钟左右
中班	1	0.75 公里	60 分钟左右
	2	1 公里	70 分钟左右
大班	1	1.25 公里	80 分钟左右
	2	1.5 公里	90 分钟左右

第四章

运动安全管理与教育

本章主要论述了幼儿园体育中的安全教育的重要性，并收集整理了幼儿园体育活动中各方面的安全教育内容，包括对各种形式的体育活动的安全指导，安全教育活动案例，以及各种安全教育素材等。

一、概述

目前，幼儿在园的安全问题越来越受到社会、家长和老师的关注。幼儿园是幼儿学习、活动的重要场所，幼儿期是人一生中发展最迅速、最基础的时期，让幼儿有一个幸福、快乐、健康、安全的环境是所有家长和老师们的美好愿望。由于年龄尚小，生活经验贫乏，自我保护能力有限，自我保护意识弱，因此幼儿很容易出现事故和危险。

在幼儿园体育活动中，安全问题更为突出，既要让幼儿充分活动，促进幼儿身体发展，又要保证幼儿的人身安全，这是一个不容易把握好的问题。因此，加强教师的安全意识和保护能力，结合保育过程对幼儿进行安全教育，减少安全事故的发生，提高幼儿的自我保护能力是非常重要和必要的。

二、各类体育活动中的安全管理

在体育活动的管理中，老师明了各类体育活动的安全隐患和应注意的问题，对幼儿提出相应的安全要求，具有重要的现实意义。

（一）体育教学活动

容易出现的问题	教师应关注的问题	教师应对幼儿提出的要求
1. 幼儿之间的间隔小造成拥挤。 2. 个别幼儿情绪过激，出现攻击性行为问题。 3. 规则意识差，自身控制力弱，出现碰撞。 4. 没有遵守游戏规则，不理解游戏内容造成安全问题。	1. 游戏场地的安全状况，如地面不平等。 2. 在集中时，幼儿是否拥挤。 3. 幼儿能否理解活动规则和要求。 4. 游戏活动的目标和难易程度是否符合幼儿发展水平。 5. 材料投放是否安全、适宜。	1. 集中时：到老师身边来，找一个不碰到别人的地方站好。 2. 按顺序游戏时：前面的小朋友到××地方时，下一个小朋友再开始。 3. 集体游戏时：注意不要碰到别的小朋友。 4. 集体游戏时：我们要一起朝

（续）

容易出现的问题	教师应关注的问题	教师应对幼儿提出的要求
5. 服装不适宜体育活动。 6. 幼儿不能根据自己的水平选择游戏材料，选择不当造成安全问题。 7. 运动量过大，身体疲劳，动作不到位，造成安全问题。 8. 幼儿在行进中突然停止，互相碰撞。	6. 幼儿在游戏中的情绪是否稳定。 7. 活动的密度、强度是否适宜。 8. 幼儿着装是否适于运动。	一个方向做动作。 5. 鞋带开了的小朋友，请等老师帮助你，后面的小朋友绕开他继续游戏。 6. 如果你不注意摔倒了，一定要告诉老师。

（二）自由自选活动

容易出现的问题	教师应关注的问题	教师应对幼儿提出的要求
1. 取放玩具时容易产生拥挤。 2. 在游戏中不注意躲闪，被他人或器械碰到。 3. 远离老师视线，超出范围。 4. 拿着材料跑，没有遵守规则。 5. 不能正确使用材料，出现安全问题。 6. 活动中所用器械碰到幼儿。 7. 幼儿情绪过于兴奋，不能控制自己的身体动作。 8. 运动能力弱的幼儿选择了有一定难度的材料，可能出现安全问题。	1. 孩子取放玩具过程中是否有避免拥挤的安全方法。 2. 幼儿是否掌握正确使用器材的方法。 3. 幼儿是否在规定范围内活动。 4. 幼儿活动情绪是否稳定。 5. 幼儿在使用材料时，是否会躲闪他人。 6. 活动场地是否安全平坦。 7. 幼儿自主收放器械时能否有秩序并注意安全。 8. 幼儿能否选择适合自己的材料游戏。	1. 老师请到谁，谁就去取玩具，不要拥挤。 2. 在大家说好的地方玩，能让老师看到你。 3. 玩的时候让你的玩具听话，不让它碰到小朋友。 4. 玩累了的话，可以休息一会儿再玩。 5. 遇到事情解决不了时找老师帮忙。 6. 奔跑时，要注意控制速度和方向。

（三）循环区和开放区活动

容易出现的问题	教师应关注的问题	教师应对幼儿提出的要求
1. 不能按自己的能力选择材料。	1. 各个区域材料摆放顺序是否合理。	1. 请小朋友注意老师提的要求。

（续）

容易出现的问题	教师应关注的问题	教师应对幼儿提出的要求
2. 不遵守游戏规则。 3. 幼儿间不能保持距离，出现拥挤。 4. 投放的材料不安全。 5. 幼儿在换区时与同伴碰撞。 6. 幼儿对区域要求不够明确，出现材料使用不当的现象。	2. 投放的材料是否安全。 3. 幼儿能否选择适宜的材料。 4. 幼儿是否遵守游戏规则。 5. 在活动中孩子之间的距离是否适宜。 6. 幼儿的服装是否适宜。 7. 幼儿运动量是否适宜。 8. 幼儿能否明确各个区域的活动规则与材料玩法。 9. 幼儿能否有序地参加活动。 10. 幼儿在活动中情绪是否稳定。	2. 请你跟小朋友保持距离，不要离前面的小朋友太近。 3. 如果你觉得累了就可以休息一会儿再玩。 4. 请小朋友走到自己想去的区，不要猛跑。 5. 请小朋友记住各区域的要求和玩法，按规则进行活动。 6. 如果你不知道这个区怎么玩，可以先看一看别的小朋友是怎样做的，也可以问老师。

（四）室内体育活动

容易出现的问题	教师应关注的问题	教师应对幼儿提出的要求
1. 活动空间小，导致幼儿拥挤碰撞。 2. 幼儿不遵守游戏规则，没有掌握正确的方法。	1. 场地运用是否合理。 2. 使用的材料是否安全。 3. 是否制定了游戏规则。 4. 幼儿能否按规则活动。 5. 游戏是否适宜室内活动。	可根据活动内容和本班幼儿水平，灵活设定应该提出的要求。

（五）大型器械活动

容易出现的问题	教师应关注的问题	教师应对幼儿提出的要求
1. 幼儿不排队、拥挤。 2. 幼儿不能抓牢、踩稳而出现安全问题。 3. 幼儿情绪过于兴奋，不遵守规则。 4. 幼儿没有掌握正确的玩法，出现安全问题。	1. 活动中幼儿是否会出现拥挤现象。 2. 幼儿能否控制好与同伴的距离。 3. 幼儿情绪是否稳定。 4. 幼儿攀登时能否抓牢踩稳。	1. 请小朋友玩的时候排好队，一个一个玩。 2. 玩滑梯时，等前面小朋友滑下站起后，后面的小朋友再滑。 3. 请小朋友从正确的地方上滑梯，双手扶好，不推挤。 4. 手要时刻抓扶好，看好位置

（续）

容易出现的问题	教师应关注的问题	教师应对幼儿提出的要求
		再上下。 5. 请小朋友在滑梯上不要停留，不做危险动作。 6. 玩摇马的时候，注意抓牢扶手，把脚放在正确的位置。

三、案例分享

教师有良好的安全意识、对安全问题的预见能力是运动安全的一个方面。另外，教师还应该结合各年龄班幼儿的特点，开展内容丰富的专题性运动安全教育活动，以提高幼儿的安全意识和能力，使他们能主动地进行自我保护。以小班、大班为例。

（一）小班（4个）

案例一

体育活动——会跳的羊角球

活动目标

1. 领域目标：通过游戏尝试骑羊角球的方法，感受集体活动的乐趣。

2. 安全目标：在游戏过程中增强自我保护意识。

活动准备

人手一只羊角球、录音机、小兔音乐磁带、小树若干、大灰狼头饰、小筐。

活动过程

1. 开始部分

（1）准备活动：教师带领幼儿做准备操。

（2）导入活动：教师扮演兔妈妈，幼儿扮演小兔。

2. 基本部分

(1) 教师讲解玩羊角球的方法。

①双手握住羊角球的犄角在球上坐稳，跳的时候手不能松开小犄角，双脚用力蹬地。

②请幼儿自由骑羊角球，教师在一旁观察，随时指导。

(2) 游戏：别让大灰狼捉住。

①教师：小兔子要穿过树林，到蘑菇地里帮妈妈采蘑菇。

②采完蘑菇后，教师：回去的路上会有大灰狼出来抓小兔子，兔宝宝一定要躲好，别让大灰狼抓走。

③当大灰狼出现时，请幼儿躲在小树后面，不要出声音。

④待大灰狼走后，兔宝宝再出来。

3. 结束部分

教师带领幼儿听音乐回家。

附：儿歌《小白兔》

早上空气真正好，小白兔们起得早，
伸伸臂，伸伸臂，弯弯腰，弯弯腰，
踢踢腿，踢踢腿，蹦蹦跳，蹦蹦跳，
天天做操身体好，身体好！

案例二

社会活动——我会慢慢走

活动目标

1. 安全目标

(1) 知道上下楼梯时要慢慢走，能避让他人，不推挤、打闹。

(2) 有初步的安全意识和自我保护意识，养成良好的行为习惯。

2. 领域目标：能够较清楚地表达自己的想法。

活动准备

受伤的玩具熊，胳膊和膝盖上缠着纱布。

活动过程

1. 看望受伤的小熊，引出讨论话题。

(1) 教师：听说小熊受伤了，我们一起去看看它吧！

大家一起去娃娃家看望受伤的小熊。

(2) 教师引导幼儿观察小熊的身体与平时有什么不一样。

教师：小熊，你的胳膊和膝盖上为什么裹着纱布？疼不疼啊？(小熊：我在楼道里和小朋友追跑，没有好好上下楼梯，下楼时和小朋友推挤就摔倒了，胳膊和膝盖都摔破了，好疼啊!)

(3) 请幼儿说一说下楼时应该怎样做。

上下楼梯小手扶好扶手，一节一节走，眼睛看着脚底下，不推也不挤。

2. 教师引导幼儿结合实际生活讨论。

(1) 你摔倒过吗？为什么会摔倒？摔倒后疼不疼啊？

(2) 怎样走路才不容易摔倒呢？

(3) 教师小结：追跑打闹容易摔跤，下楼时不小心或往下跑也容易摔跤。平时走路要看着路慢慢走，下楼时要一个跟着一个慢慢走。

3. 游戏：我会轻轻走

(1) 教师出示小猫头饰，请小朋友说一说小猫是怎样走路的，并学一学。

(2) 提示幼儿学习小猫走路“眼睛看着路，脚下慢慢走，高高兴兴做游戏，保护自己不摔跤”。

案例三

安全活动——地震来了怎么办

活动目标

1. 增强幼儿的自我保护意识。

2. 引导幼儿知道发生地震时该怎么办，初步掌握躲避、逃生的技巧。

活动准备

地震图片若干、展板、枕头、盆、桌子等。

活动过程

1. 参观图片展，引出主题。

(1) 教师：小朋友们，今天老师带你们看一个图片展，我们一起来看一看图片上发生了什么事情。

(2) 图片上发了的是什么事？(地震)

你从哪儿看出是地震的？(楼倒塌了，人被埋在地底下了等)

你觉得发生地震的时候是什么感觉？

地震给我们带来什么危害呢?

2. 引导幼儿讨论地震发生时该怎么办。

教师：小朋友说了那么多地震的危害，如果我们这里发生了地震，我们该怎么办呢？请小朋友们互相说一说，一会儿把你的好办法告诉大家。（幼儿自由讨论，老师听一听幼儿的讨论内容。）

幼儿自由讨论，可以请幼儿演示一下自己的方法。

小结：刚才小朋友们说了那么多的方法，根据你们的方法，以及老师自己找到的方法，我们一起总结一下。

（1）首先老师要跟你们说一下地震中的黄金 12 秒。黄金 12 秒是地震来临时最宝贵的逃生时间。到底 12 秒有多长呢？现在跟着老师一起数一数。请小朋友看这个表上红颜色的指针，它走一下我们就数一下，1、2、3、4……12，这段时间就是 12 秒。这段时间是我们躲避地震和逃生的最佳时间，我们要选择最好的方法自救。

（2）我们可以用什么方法利用好黄金 12 秒呢？（逃跑）我们要迅速逃跑到户外，在逃跑时要注意什么？（要听从老师或爸爸妈妈的指挥，不哭喊，按顺序一个一个地逃离到户外空旷的地方，在逃离过程中不要拥挤）

幼儿进行模拟演习。

（3）我们说过，如果我们住的地方很高，来不及跑，怎么办？（躲在安全的地方）哪些地方是安全的呢？现在我们就当这个教室发生了地震，请你们找到一个自己觉得安全的地方躲避好。（总结幼儿躲藏得不够好的方法，告诉幼儿正确的方法）

（4）如果我们的身边有像锅、脸盆、枕头等可以罩在头上的东西，就可以利用它们保护我们的头部。

3. 游戏：找一找。

教师：老师今天还给你们准备了一些关于地震来临时躲藏办法的图片，但在这些图片中有些是正确的方法，有些是错误的方法。老师想请你们找一找哪些是正确的，哪些是错误的，并且把正确的图片贴在笑脸处，错误的贴在哭脸处。

贴完后，老师进行总结提升。

4. 游戏：地震来了我不怕。

教师：我们刚才总结出了那么多正确的躲避方法，现在我们来玩一个演习游戏，叫做“地震来了我不怕”，请小朋友们听到地震来了的信号后，迅速躲藏到一个安全的地方。但是一定要注意，我们进行的是演习活动，所以一定要注意自己和他人的安全，不要碰伤自己。

5. 游戏情况总结。

教师：刚才小朋友在游戏中都能够用正确的方法进行躲避，比如××小朋友，他把自己的身体团在了一起，像个小刺猬一样，躲在了桌子底下，有的小朋友躲在了两个床的中间。你们的方法都很好。

6. 集体说儿歌，结束活动。

教师：现在请小朋友和老师一起说一首关于地震躲避方法的儿歌：《地震拍手歌》。

你拍一，我拍一，地震发生别着急。
你拍二，我拍二，空旷场地最安全。
你拍三，我拍三，用好黄金12秒。
你拍四，我拍四，锅盆顶在头顶上。
你拍五，我拍五，桌子下面躲一躲。
你拍六，我拍六，柜子旁边藏一藏。
你拍七，我拍七，远离玻璃和楼梯。
你拍八，我拍八，电梯里面不要藏。
你拍九，我拍九，食物饮水身边有。
你拍十，我拍十，躲避方法要记牢。

教师：今天，我们学到了很多地震时保护自己的方法，以后遇到危险的时候，我们就会用正确的方法更好地保护自己了。我们还可以把今天学到的地震躲避方法告诉爸爸妈妈、爷爷奶奶，还可以教他们做这个拍手游戏，让他们也学会这些遇到危险时正确的自救方法，保护他们的安全。

案例四

语言活动——怎样做才安全

活动目标

1. 领域目标

(1) 通过故事，理解运动安全，不摔跤，不受伤。

(2) 能够初步辨别安全行为，并能清楚地加以表述。

2. 安全目标：增强体育运动中的安全意识。

活动准备

故事图片。

活动过程

1. 欣赏故事

（1）教师讲述故事前半段，帮助幼儿理解故事内容，引导幼儿初步理解“安全”一词的意思。

故事：小熊和小兔是好朋友，一个阳光明媚的早晨，小熊和小兔约好要过小桥去找小鹿玩。小桥很窄，小兔对小熊说：“你先过好了”，只见小熊双手侧平举，一步一步、又稳又慢地走了过去。小兔看了不屑一顾地说：“你过得太慢了，看我的。”说完，小兔仰着头，一路小跑似的跑了起来，只听见“扑通”一声，小兔掉进了河里。

（2）提问：

——故事的名字叫什么？（小熊小兔过小桥）

——他们要去干什么？（找小鹿）

——他们是怎么去的？（走独木桥）

——小兔发生了什么事？（掉进河里）

——他是怎么过桥的？（仰着头，一路小跑）

——谁的做法更安全？（小熊）

教师带领幼儿一起演示小熊过桥的动作。

（3）讲述故事后半段，帮助幼儿加深理解“安全”一词。

故事：小熊和小兔终于找到了小鹿，三个好朋友高兴地在草地上跑了起来。跑的时候，小熊和小兔眼睛始终看着前方和周围的同伴，但是小鹿却东张西望，跑着跑着摔了一个大马趴……

（4）提问：

——小鹿为什么会摔倒呢？（东张西望，眼睛没有看前面和同伴）

——小熊、小兔为什么就没有摔倒呢？（眼睛看着前面和同伴）

——跑步时怎样做就不会摔倒了呀？（眼睛看着前面和同伴）

2. 观看情景剧表演，引导幼儿正确判断动作的对与错，增强自我安全意识。

（1）教师：老师请来了哥哥姐姐为我们表演，他们分成了两个组，你们看一看他们哪组的动作是最安全的。第一组哥哥姐姐为我们表演爬的动作，请你们仔细看一看他们爬时距离是怎样控制的。

（2）教师：第二组哥哥姐姐也为我们表演爬的动作，请你们仔细看一看他们在爬时距离是怎样的。

教师：谁的动作是安全的？（第一组）为什么？（人与人之间留有一定的距离）第二组为什么不安全？（距离太近）

3. 巩固安全意识，幼儿亲自尝试。

（1）介绍场地设置与材料。（平衡板、垫子、包）

（2）幼儿自主尝试。

教师：今天老师为大家准备了这些材料，小朋友们都玩一玩，看谁会用安全的方法和动作进行这些活动。

（二）中班（4个）

案例一

社会活动——娃娃丫丫上游乐园

活动目标

1. 安全目标：知道如何安全地玩各种大型器械。

2. 领域目标：初步建立自我保护意识。

活动准备

电脑课件、录音机、图片。

活动过程

1. 导入活动，激发兴趣

（1）教师：今天，娃娃丫丫到游乐园玩，看！他们是怎样玩的？

播放电脑课件前半部分。

（2）提问：他们先玩了什么？怎样玩的？这样做安全吗？为什么？应该怎样做？

2. 讨论

（1）继续观看课件，讨论娃娃丫丫的行为哪些是正确的，哪些是错误的。

（2）引导幼儿回忆自己到过的游乐场还有什么好玩的设施。

（3）利用图片，引导幼儿观察其他游乐设施，讨论怎样玩既开心又安全。

（4）延伸提问：平时在幼儿园还有哪些地方要注意安全。

3. 结束部分

（1）电话铃响，原来是邀请小朋友去看健康安全图片展（征求小朋友的同意）。

（2）与幼儿一起复习安全儿歌，自然结束。

案例二

常识活动——特殊的电话号码

活动目标

1. 领域目标：知道几种特殊的电话号码及其作用，了解在什么情况下使用这些特殊的电话号码。

2. 安全目标：具备初步的自救意识。

活动准备

1. 写有“110”、“119”、“120”、“114”等电话号码的图片。

2. 画有警察与警车、医生与救护车、消防队员与消防车的图片若干，电话或手机一部。

活动过程

1. 教师通过提问创设情境，引发幼儿兴趣。

（1）教师（出示电话）：小朋友，你知道自己家的电话号码是多少吗？我们用这部电话打给爸爸妈妈好吗？

（2）请幼儿现场打电话给家里熟悉的人。

（3）教师：有一些特殊的电话号码，它们是很有用的，你们知道有哪些吗？（幼儿自由讲述）

2. 教师指导幼儿认识几种特殊的电话号码，知道它们的用途及其与人们生活的关系。

（1）教师出示写有“110”的图片，引导幼儿认识。

（2）提问：小朋友，你们看这是什么号码，它与我们家的电话号码有什么不一样，在什么情况下需要使用这个电话号码呢？它对我们的生活有什么样的帮助呢？打了这个电话什么车子会出现？谁会出现？他们会做什么？

（3）依次出示“120”、“119”等电话号码的图片，指导幼儿了解它们的作用以及相关的工作人员，并知道这些人员的工作与人们关系。

（4）请幼儿看幼儿用书，进一步了解几种特殊的电话号码。

3. 游戏“怎么办，做什么”。

（1）现在我们来玩个游戏，看谁说得好。这儿有一些图片，我们看看图片

上发生了什么事，我们可以打什么电话帮助他们解决呢？谁出现了？他们来做什么？（游戏可进行多次）

（2）幼儿分别扮演需要帮助的人及警察、医生、接线员等，进一步熟悉几种特殊电话号码及其相关人员的工作。

案例三

社会活动——快乐的暑假

活动目标

1. 安全目标：使幼儿了解暑假中应注意的安全和卫生，增强幼儿的自我保护意识。

2. 领域目标：通过讨论，激发幼儿向往过暑假的情感，教育幼儿愉快、合理地过暑假。

活动准备

安全图片、画笔、画纸。

活动过程

1. 使幼儿了解暑假的含义，丰富幼儿的知识经验，激发幼儿过暑假的兴趣。

（1）教师：小朋友们，再过几天我们幼儿园就要放假了，这个假期叫做暑假。知道为什么吗？

（2）幼儿讨论，发表自己不同的见解和想法。

（3）教师总结暑假的含义：这个假期是在一年中最热的时间放的，我们叫它暑假，“暑”就是热的意思。

2. 组织幼儿讨论怎样安全、愉快、合理地过暑假，培养幼儿完整的表达能力和想象、判断能力。

（1）教师：暑假里你们想做些什么事情呢？

幼儿各自说出自己想做的或是喜欢做的事情，培养幼儿的表达能力和想象能力。

（2）教师：那么在暑假里，有哪些事情是不可以做的呢？

引导幼儿说出有关安全知识的内容，锻炼幼儿的判断能力。

（3）观察图片，提问幼儿：可不可以这样做吗？为什么？

3. 教师总结暑假里要注意的安全事项。

（1）要回老家的小朋友，不能一个人或跟小伙伴到河里游泳。

（2）不能玩火、玩电、玩尖锐的物品。

（3）夏天的太阳毒辣，不能到太阳底下长时间地玩，要保护自己的皮肤。

（4）吃冷饮时，不能一下子吃得太多，否则会引起肚子痛，影响身体健康。

（5）吃西瓜时，要把瓜洗干净，请爸爸妈妈切好西瓜，吃的时候不讲话，以免瓜子呛人，还要防止西瓜汗流到衣服上，不要乱扔西瓜皮。

（6）独自在家时，不要让陌生人进来，不要告诉陌生人只有你一个人在家。

（7）如果外出与家人走散了，要懂得打电话“110”报警，不要跟陌生人走。

4. 请幼儿看安全图片操作。

每个幼儿一套安全图片，请幼儿在正确的图片上打上勾，错的图片打上叉。

案例四

综合活动——安全标志

活动目标

1. 领域目标：学会制作安全标志，知道正确的粘贴方法。

2. 安全目标：知道要保护自己身体的安全，初步懂得避开危险物，不做危险动作。

活动准备

安全标志一个、画笔、纸、剪刀、胶棒。

活动过程

1. 讲一讲

（1）出示安全标志，引导幼儿观察。

（2）提问：这是什么？它代表什么意思？

（3）引导幼儿讨论还有什么安全标志。

2. 做一做

（1）请幼儿说一说安全标志的用途，都会出现在什么地方。

（2）引导幼儿制作新的安全标志。

（3）幼儿设计制作，老师巡回指导。鼓励幼儿制作与众不同的安全标志。

3. 贴一贴

（1）请幼儿说一说自己的标志是什么意思，需要贴到哪里。

（2）指导幼儿掌握正确的粘贴方法。

（3）请幼儿说说自己设计制作的标记为什么贴在这里。

（4）我们幼儿园还有许多需要提醒的地方，以后，我们再多做几个安全标志。

（三）大班（6个）

案例一

室内体育活动——护送蛋宝宝

活动目标

1. 安全目标：有一定的安全意识，掌握安全活动的方法。

2. 领域目标：能利用室内家具，灵活地完成钻爬动作。

活动准备

桌子、椅子、玩具柜、生鸡蛋。

活动过程

1. 准备活动

幼儿听音乐做韵律活动，重点活动手腕、腰、膝关节。

（1）分组摆放材料。

（2）幼儿进行游戏。

2. 基本部分

（1）任务1——护送一个蛋宝宝

①提问：以前在户外玩过护送蛋宝宝的游戏，户外活动材料和室内的材料有什么不同？

②引导幼儿讨论如何在活动过程中安全地护送蛋宝宝。

提问：室内材料很硬，那你们有什么更好的方法把蛋宝宝护送回来，不让它受伤么？

③幼儿操作尝试。

④提升总结安全护送一个蛋宝宝的方法。

提问：谁的蛋宝宝坏了？你是用什么方法护送的？谁完成了任务？怎么完成的？

（2）任务 2——护送两个蛋宝宝

①教师：老师要给小朋友增加难度，这回要护送两个蛋宝宝。

②引导幼儿讨论如何在运动过程中安全护送两个蛋宝宝。

提问：这回谁有好方法能保护好两个蛋宝宝？怎样避免刚才发生的问题？

③幼儿操作尝试。

④提升总结安全运送两个蛋宝宝的方法。

提问：这么难的任务谁完成了？你是怎样做的？那这次谁的摔坏了？为什么会摔坏呢？

3. 结束，放松活动

总结：希望小朋友在以后的活动中也要像保护蛋宝宝一样保护好自己，让自己不受伤。

案例二

户外体育活动——开放区的新朋友

活动目标

1. 安全目标：尝试新材料（小椅子）的使用方法，学会安全保护自己。

2. 领域目标：通过钻、爬、平衡、跳的动作练习，体验合作游戏的快乐。

活动准备

轮胎、平衡板、墩儿、大小积塑块、垫子、各类拱形门、圈、板块、水瓶、塑料小椅子、方向箭头、各区标志

活动过程

1. 准备活动

引出活动主题，做全身运动，重点活动脚腕和上下肢。

提问：你们喜不喜欢玩中大班开放区？（喜欢）那你们想不想咱们班自己也玩一次开放区？（想）那咱们先做一下准备活动。

2. 基本部分

（1）引发幼儿讨论，根据区域标志合理分区

教师：你们最喜欢玩什么区呢？那个区都有什么材料？那你们赶快选择自己喜欢的区域开始玩吧！

①发现开放区没有摆好材料，引出幼儿搭建开放区的愿望。

提问：没摆好怎么办？（自己摆材料）

②出示活动区的标志，引出幼儿分组（四人一组），共分三组。

提问：这是什么区的标志？这个区的材料都可以怎样摆？

教师：一组的四个人商量一下，你们想把自己的区设在什么位置。商量好了以后，就把标志牌放在那里。不要离别的区太近，但要让老师能够看到你们区。

③分组讨论，确定各区的位置。

（2）指导幼儿搭建开放区

①介绍材料，重点介绍新添的材料小椅子，并提出要求。

提问：你们认识这些材料吗？这是什么啊？（小椅子）以前的开放区用过小椅子吗？（没有）

教师：小椅子看到你们这么喜欢玩开放区，它也特别地想和你们一起玩。那你们各组都想一想，怎样让小椅子也做你们区的活动材料呢？

②幼儿合作摆放材料，教师分组指导。

③依次进行小结评价，重点关注小椅子的使用安全。

提问：小椅子怎样玩，才能更安全？

（3）游戏：好玩的开放区

①幼儿在三个区域自主进行开放式区域活动。教师注意观察幼儿的安全行为表现。

②集中幼儿进行讲评，各组分别调整自己区域的材料摆放方式。

提问：你觉得哪个区最好玩？为什么？你想不想把你们区也变得很好玩？可以怎样变？摆好后你们去玩一玩、试一试吧。

③集中幼儿进行评价。

提问：你觉得小椅子当活动材料怎么样？（好玩）在玩的过程中，要注意什么？（安全）怎样做呢？（不推挤、不从椅子上跳下来、不摇晃椅子……）

3. 结束，放松活动

教师：自己拍拍小腿、拍拍小胳膊，然后和同组的小朋友互相拍拍背，捏捏胳膊……

案例三

综合活动——他怎么了

活动目标

结合幼儿以往的运动体验，提高幼儿分析问题的能力，鼓励幼儿大胆表达自己的想法。

活动准备

小朋友摔倒的照片或图片。

活动过程

1. 开始部分

（1）教师出示图片。

（2）引导幼儿观察思考。

2. 基本部分

（1）提问

教师：你看到了什么？你觉得他可能是因为什么原因摔倒的？

用故事的形式引导幼儿知道，情绪兴奋也容易发生安全问题。幼儿大胆猜想并表达自己的想法。老师从规则和材料的摆放上进行小结。

（2）讨论

教师：要想不摔倒、不受伤，应该怎样做？要是别的小朋友摔倒了，你可以怎么做？

3. 结束部分

操作活动，请幼儿用绘画的形式把事情的前因后果表现出来，并大胆进行展示讲述。

案例四

手工活动——安全标志我会做

活动目标

1. 领域目标：能大胆设想并积极尝试为班级和幼儿园制作安全标志。

2. 安全目标：能设计、制作简单的标志。

活动准备

安全标志图一张，图画纸、油画棒、剪刀等美工材料。

活动过程

1. 开始部分，出示“安全出口”标志引发思考。

讨论：标志有什么用？

（1）这是什么？你在什么地方看到过？它表示什么意思？

（2）你还在什么地方看到过其他的什么样的标志？

（3）标志有什么用？

小结：我们的生活中到处都有标志，有了标志我们会感到十分方便，可以大概知道那是什么地方，可以做什么，不可以做什么，要注意些什么等。

2. 基本部分，讨论哪些地方需要标志。

（1）在我们幼儿园、班级的哪些地方需要标志呢？（鼓励幼儿大胆表达自己的想法）

（2）我们可以设计、制作一些什么样的标志？为什么？

（3）幼儿自由结伴商量，然后两个人一组设计、制作一到两个标志。

（4）幼儿交流分享自己设计的标志。

——你设计了什么标志？

——你为什么要设计这个标志？

——它告诉我们什么？

——这个标志应该贴在哪里？

3. 结束，贴标志

请幼儿将自己设计的标志张贴到合适的地方。

案例五

户外体育活动——勇过通天桥

活动目标

1. 安全目标：通过游戏帮助幼儿理解和掌握平衡活动中的安全问题。

2. 领域目标：运用多种材料增强幼儿的平衡能力和动作协调性。

活动准备

《西游记》中的妖怪卡片、小墩、积塑块、平衡板、平衡木、纸箱、轮胎、水瓶、欢快音乐的磁带、录音机。

活动过程

1. 导入部分

结合幼儿已有经验，引导幼儿进入游戏情节。

（1）情景导入：今天我们小朋友要去帮助唐僧师徒捉妖怪，这些妖怪都躲在通天河对面的大山里，我们过河去把他们捉住好不好？

（2）这条河又宽又长，在过河之前我们先热一热身吧。

教师带领幼儿做准备活动，随着音乐活动手、脚腕、肩、背，重点活动下肢。

(3) 观察场地并提问。

①请小朋友们好好看看，河上有很多座桥，但每座桥都不一样，那它们都是用什么材料搭建的呢？

②不同的桥都有不同的过法，怎样过才最安全，不会掉到河里呢？

③除了注意过桥的动作和位置以外，还应该注意什么？

2. 游戏开始部分

(1) 幼儿进行初步尝试，分别练习过不同的桥。

(2) 教师帮助幼儿提升经验，讨论安全地过各种桥的方法。

(3) 第二次游戏，请幼儿把不同的桥都过一次，积累经验。

3. 游戏深入部分

请助教老师扮演河怪，幼儿采用讨论出来的安全方法过桥。如有落河的幼儿，河怪就出现，该幼儿停玩一次，安全过桥的幼儿捉到妖怪返回。

4. 结束部分

(1) 清点大家抓到的妖怪，看看谁抓得多。

(2) 讨论怎样才能保证自己的安全，还能抓到更多的妖怪。

自然结束，庆祝胜利，休息。

注：教师可提高游戏的挑战性，要求幼儿不光要安全过桥，还要在桥上抓住水里的妖怪（卡片），并把它们带回来。

案例六

语言活动——运动安全我来说

活动目标

1. 安全目标：在老师引导下，能结合自己的运动经验，学习用儿歌的语言表述运动规则，增强安全意识和自我保护意识。

2. 领域目标：能积极参与活动，大胆表达自己的见解，尝试集体创编儿歌，体会合作学习的乐趣。

活动准备

材料准备：四张不同运动动作的图片——爬、跨跳、走平衡、双脚跳。

经验准备：幼儿有创编儿歌的经验，如针对室内活动中的不安全因素进行儿歌创编，包括小剪刀、上下楼梯、搭积木、小铅笔等。

活动过程

1. 集体复习自编活动安全儿歌三首，感受儿歌的韵律和节奏。

提问：儿歌的语言和说话有什么不同？

2. 出示图片，引导幼儿说出几种运动的动作要领及安全要求，并提问。

（1）这是什么运动？运动时应该注意什么？

（2）你觉得在什么时候容易出危险？

（3）我们学过的爬的动作有哪几种？每种爬应该注意什么？

3. 幼儿自选一种运动项目，分组进行儿歌创编，教师分组指导。

（1）提出要求。

教师：请小朋友选择一种运动，分小组进行讨论，每组编出一首关于这个运动的儿歌，儿歌里要把运动的名称、动作和要注意的安全问题说清楚，语言要简单好记。

（2）分组指导。

教师：你们选择的是什么动作？怎样说才好听？你觉得什么地方最容易出危险？应该怎样做？怎么说能让其他小朋友一听就明白该怎样做呢？

4. 分组展示小组创编的儿歌，引导幼儿评议。

（1）分组请幼儿朗诵创编的儿歌，小组或个人代表都可以。

（2）引导幼儿评价。

①你觉得这首儿歌编得好不好？好在哪？不好在哪？

②这首儿歌把动作和应该注意的地方说清楚了吗？怎样说更清楚？

教师引导幼儿边讨论边修改，最后集体朗诵修改好的儿歌。

5. 教师小结。

这是我们小朋友最喜欢的几种运动，我们把动作的要求和应该注意的地方编成儿歌，就更清楚、更好记了，这样我们在运动时就会更安全。

四、素材分享

（一）安全标志

1. 大型器械上的安全标志

在大型器械上的明显部位用有趣的图片标示出活动中需要注意的地方，并且附上生动的文字提示，以吸引老师和家长的注意，及时提醒幼儿。

我知道爱护小朋友，不推不挤

小鸟说：这个玩具很好玩，记住要扶好走稳哦

小荡桥摇摇摇，欢迎你们来逍遥。大家小手都扶好，一个跟着一个走，小桥乐得摇呀摇

小朋友保护自己，手要扶好哦

2. 体育区域活动中的安全标志

在开放式体育区域的设置中，针对各区的动作特点，用图示标出正确的动作、规则，并对不正确的动作进行提示。

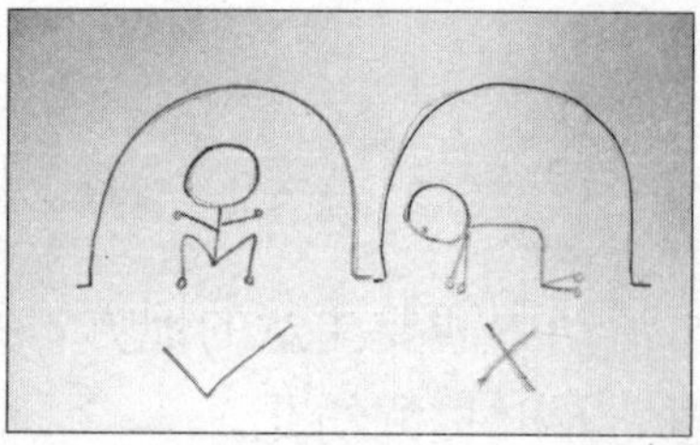

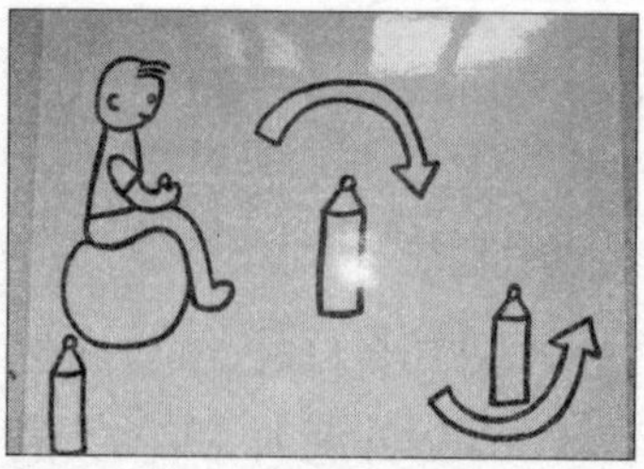

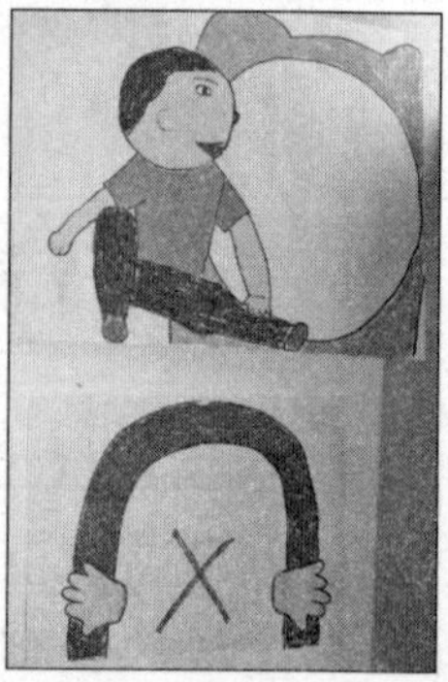

（二）环境布置

在教师组织专题性运动安全教育活动的同时，环境的影响也应受到高度重视。在进行环境布置时，将运动安全教育内容考虑进来。

（三）儿歌

在幼儿园一日生活的过渡环节和一些游戏环节中，教师可与幼儿共同创编、吟诵有关运动安全的儿歌。儿歌的创编、吟诵过程，也能有效提高幼儿的自我保护意识和自我保护能力。

钻桌椅

小桌子，当山洞，
小椅子，做小桥，
小朋友们当火车，
钻了山洞过小桥。
头要低，腿要弯，
钻出山洞抬头慢，
前后距离保持好，
安全游戏乐无边。

大爬网

高高大大一张网，
能爬下来能爬上。
好像蜘蛛爬网上，
平平稳稳玩一场。
双手抓牢脚踩稳，
看看四周好朋友，
互相提醒别踩到，
平安快乐心欢畅。

去郊游

太阳照，花儿笑。
宝宝郊游乐陶陶。
衣服舒适很重要，
鞋子合脚才最好。
手绢水壶不可少。
必要物品都记牢。
跟好队伍最重要，
紧紧跟随不乱跑。
危险地方我不去。
安全快乐玩得好。

早　操

啾啾啾，鸟儿叫，
太阳伯伯微微笑。
小朋友们起得早，
来到操场做早操。
露出微笑精神好，
不推不挤不打闹。
伸伸臂，弯弯腰，
踢踢腿，蹦蹦跳，
队伍整齐身姿妙，
天天锻炼身体好。

平衡木

平衡木，窄又长，
好像一座独木桥。
站在桥头别张望，
身体站稳不慌张。
眼睛向着前面瞧，
双手抬平更稳当。
一步一步走过去，
大家心里真欢畅。

骑小车

三轮车，跑得快，
我们大家来比赛。
交通规则很重要，
间隔距离掌握好。
遇到朋友让一让，
不要碰到他身上。
累了可以歇一歇，
换个朋友再骑上。
我骑小车快乐多，
互相谦让笑呵呵。

走楼梯

小小楼梯陡又陡，
小小眼睛瞅一瞅。
红色扶手两边有，
一步一步慢慢走。
上下楼梯不推挤，
安全快乐全都有。

滑滑梯

滑滑梯，真有趣，
站在高处要注意。
你不推，我不挤，
上下谦让有秩序。
抓牢扶手上滑梯，
身体坐直滑下去，
安全游戏是第一。

小椅子

小椅子，摆摆好，
小朋友们请坐好。
双手搬起腿朝下，
轻轻搬来轻轻放。
不要摇来不要晃，
安全方法要记牢。

火灾逃生

火灾逃生有技巧，
湿巾捂住鼻和嘴，
有烟需要弯腰走，
浓烟需要匍匐爬。
安全出口要牢记，

一个跟着一个跑，
听从指挥快撤离，
逃生技巧很重要。

小插座

小小插座不说话，
不吃不喝本领大。
一排一排小洞洞，
所有电器都夸它，
随便触摸真危险。
小朋友们远离它。

盥洗安全

哗哗流水清又清，
洗洗小手讲卫生。
排队洗手有秩序，
不推不挤别着急。
不跑不跳加小心，
洗手方法要记清。
水滴甩到水池里，
防止滑倒伤身体。
安全卫生都重要，
宝宝健康身体好。

教室里

教室里，小桌椅，
它们有话告诉你。
桌子朋友在一起，
他们之间有缝隙。
小手不能放这里，
夹疼小手要哭泣。
椅子四腿来着地，
稳稳当当坐一起。
柜子不要来推挤，
一个一个摆整齐，
来选玩具不着急。
这些话儿有道理，
我们一定要牢记。

睡　觉

打了一个大哈欠，
伸了一个小懒腰。
午睡时间要来到，
走入寝室静悄悄，
安全知识别忘掉。
外衣鞋帽摆整齐，
上床躺好不逗闹。
上下两层床儿高，
爬上爬下手抓牢。
盖好被子不蒙脸，
呼吸畅通睡大觉。

喝　水

去喝水，不用急，
排好队，不拥挤，
先他人，后自己。
先取杯，再接水，
慢慢喝，不烫嘴，
一口一口喝下肚，
不呛不撒喝得美。

吃　饭

饭儿香，菜儿妙，
小朋友们准备好。
饭菜搭配细细嚼，
嘴里有饭不说笑。
吃鱼吃虾要仔细，
小小鱼刺要注意。
饭后擦手漱漱口，
收拾碗筷摆整齐。

地震逃生

房屋摇，瓶子倒，
地震发生别乱跑。
空旷场地最安全，
黄金 12 秒要用好。
拿起锅盆顶头上，
卫生间是好地方。
桌子下面躲一躲，
柜子旁边藏一藏。
远离楼梯和玻璃，
电梯里面不要藏。
躲避方法要牢记，
地震来临别慌张。

附　　录

附录1 关于运动器械材料安全使用的问卷调查与分析

一、调查表与调查结果

（一）小班

1. 你在组织体育活动时，哪些活动中幼儿出现过磕碰现象？（如擦伤、碰伤或更严重的伤害等）请用“√”表示。

项目	早操	计划性体育活动	目标性小区域活动	自由自选活动	循环区活动	集体体育游戏	室内体育活动	开放式区域活动	运动会
统计结果（%）	0	25	37.5	50	37.5	62.5	18.8	6.3	31.3

2. 你认为哪几种体育活动不太容易组织？请用“√”表示。

项目	早操	计划性体育活动	目标性小区域活动	自由自选活动	循环区活动	集体体育游戏	室内体育活动	开放式区域活动	运动会
统计结果（%）	0	25	31.3	50	31.3	6.3	6.3	12.5	25

3. 你带班时幼儿在使用哪几种器械材料时出现过磕碰现象？请用“√”表示。

项目	垫子	平衡板	平衡木	圈	积塑块	平衡车	羊角球	沙包	拱形门	小墩	小马蹄
统计结果（%）	0	50	31.3	18.8	50	12.5	6.3	0	18.8	18.8	18.8
项目	皮球	地板块	水瓶	轮胎	跳绳	纸箱	锥形体	棍棒	大滚球	木板	大滚筒
统计结果（%）	31.3	0	0	18.8	0	0	0	12.5	12.5	0	6.3

4. 你在组织体育活动中使用哪几种器械材料较多？请用“√”表示。

项目	垫子	平衡板	平衡木	圈	积塑块	平衡车	羊角球	沙包	拱形门	小墩	小马蹄
统计结果（%）	81.3	31.3	62.5	93.8	37.5	6.3	12.5	93.8	81.3	62.5	37.5
项目	皮球	地板块	水瓶	轮胎	跳绳	纸箱	锥形体	棍棒	大滚球	木板	大滚筒
统计结果（%）	50	87.5	75	0	12.5	31.3	6.3	12.5	12.5	0	0

5. 你在使用哪几种器械材料之前会对幼儿提两条以上的要求？请用“√”表示。

项目	垫子	平衡板	平衡木	圈	积塑块	平衡车	羊角球	沙包	拱形门	小墩	小马蹄
统计结果（%）	0	37.5	56.3	12.5	31.3	18.8	12.5	0	0	56.3	37.5
项目	皮球	地板块	水瓶	轮胎	跳绳	纸箱	锥形体	棍棒	大滚球	木板	大滚筒
统计结果（%）	31.3	18.8	6.3	12.5	0	12.5	0	12.5	6.3	0	6.3

6. 你会针对哪几种器械材料着重给幼儿介绍玩法和要求?请用“√”表示。

项目	垫子	平衡板	平衡木	圈	积塑块	平衡车	羊角球	沙包	拱形门	小墩	小马蹄
统计结果（%）	6.3	43.8	50	6.3	43.8	25	50	0	12.5	25	43.8
项目	皮球	地板块	水瓶	轮胎	跳绳	纸箱	锥形体	棍棒	大滚球	木板	大滚筒
统计结果（%）	31.3	18.8	6.3	12.5	6.3	18.8	0	12.5	12.5	0	12.5

（二）中班

1. 你在组织体育活动时，哪些活动中幼儿出现过磕碰现象？（如擦伤、碰伤或更严重的伤害等）请用“√”表示。

项目	早操	计划性体育活动	目标性小区域活动	自由自选活动	循环区活动	集体体育游戏	室内体育活动	开放式区域活动	运动会
统计结果（%）	0	50	75	58.3	58.3	25	16.7	33.3	16.7

2. 你认为哪几种体育活动不太容易组织？请用“√”表示。

项目	早操	计划性体育活动	目标性小区域活动	自由自选活动	循环区活动	集体体育游戏	室内体育活动	开放式区域活动	运动会
统计结果（%）	0	25	50	41.7	16.7	16.7	25	58.3	8.3

3. 你带班时幼儿在使用哪几种器械材料时出现过磕碰现象？请用“√”表示。

项目	垫子	平衡板	平衡木	圈	积塑块	平衡车	羊角球	沙包	拱形门	小墩	小马蹄
统计结果（%）	0	66.7	25	0	50	25	8.3	0	33.3	16.7	41.7
项目	皮球	地板块	水瓶	轮胎	跳绳	纸箱	锥形体	棍棒	大滚球	木板	大滚筒
统计结果（%）	8.3	0	8.3	25	0	16.7	0	33.3	8.3	16.7	8.3

4. 你在组织体育活动中使用哪几种器械材料较多？请用“√”表示。

项目	垫子	平衡板	平衡木	圈	积塑块	平衡车	羊角球	沙包	拱形门	小墩	小马蹄
统计结果（%）	83.3	83.3	83.3	91.7	66.7	8.3	66.7	91.7	91.7	83.3	66.7
项目	皮球	地板块	水瓶	轮胎	跳绳	纸箱	锥形体	棍棒	大滚球	木板	大滚筒
统计结果（%）	66.7	91.7	91.7	0	50	75	8.3	8.3	25	8.3	0

5. 你在使用哪几种器械材料之前会对幼儿提两条以上的要求？请用“√”表示。

项目	垫子	平衡板	平衡木	圈	积塑块	平衡车	羊角球	沙包	拱形门	小墩	小马蹄
统计结果（%）	16.7	58.3	50	0	41.7	41.7	16.7	16.7	8.3	25	58.3
项目	皮球	地板块	水瓶	轮胎	跳绳	纸箱	锥形体	棍棒	大滚球	木板	大滚筒
统计结果（%）	25	0	25	25	16.7	16.7	8.3	25	8.3	8.3	8.3

6. 你会针对哪几种器械材料着重给幼儿介绍玩法和要求？请用“√”表示。

项目	垫子	平衡板	平衡木	圈	积塑块	平衡车	羊角球	沙包	拱形门	小墩	小马蹄
统计结果（%）	16.7	66.7	33.3	8.3	58.3	33.3	16.7	0	33.3	33.3	41.7
项目	皮球	地板块	水瓶	轮胎	跳绳	纸箱	锥形体	棍棒	大滚球	木板	大滚筒
统计结果（%）	8.3	25	16.7	33.3	33.3	25	8.3	41.7	16.7	8.3	8.3

（三）大班

1. 你在组织体育活动时，哪些活动中幼儿出现过磕碰现象？（如擦伤、碰伤或更严重的伤害等）请用“√”表示。

项目	早操	计划性体育活动	目标性小区域活动	自由自选活动	循环区活动	集体体育游戏	室内体育活动	开放式区域活动	运动会
统计结果（%）	14.2	28.6	50	78.6	21.4	28.7	14.2	50	2.4

2. 你认为哪几种体育活动不太容易组织？请用“√”表示。

项目	早操	计划性体育活动	目标性小区域活动	自由自选活动	循环区活动	集体体育游戏	室内体育活动	开放式区域活动	运动会
统计结果（%）	0	28.6	7.1	50	7.1	0	0	64.3	14.2

3. 你带班时幼儿在使用哪几种器械材料时出现过磕碰现象？请用“√”表示。

项目	垫子	平衡板	平衡木	圈	积塑块	平衡车	羊角球	沙包	拱形门	小墩	小马蹄
统计结果（%）	7.1	7.1	14.2	0	21.4	14.2	7.1	0	14.2	14.2	14.2
项目	皮球	地板块	水瓶	轮胎	跳绳	纸箱	锥形体	棍棒	大滚球	木板	大滚筒
统计结果（%）	21.4	0	7.1	28.6	7.1	0	0	14.2	21.2	28.6	14.2

4. 你在组织体育活动中使用哪几种器械材料较多？请用“√”表示。

项目	垫子	平衡板	平衡木	圈	积塑块	平衡车	羊角球	沙包	拱形门	小墩	小马蹄
统计结果（%）	92.2	78.6	78.6	85.7	14.2	14.2	71.4	92.9	85.7	85.7	28.7
项目	皮球	地板块	水瓶	轮胎	跳绳	纸箱	锥形体	棍棒	大滚球	木板	大滚筒
统计结果（%）	85.7	92.9	92.9	21.4	78.6	78.6	21.4	21.4	28.6	57.1	0

5. 你在使用哪几种器械材料之前会对幼儿提两条以上的要求？请用“√”表示。

项目	垫子	平衡板	平衡木	圈	积塑块	平衡车	羊角球	沙包	拱形门	小墩	小马蹄
统计结果（%）	7.1	57.1	50	7.1	14.2	71.4	14.2	0	0	7.1	28.6
项目	皮球	地板块	水瓶	轮胎	跳绳	纸箱	锥形体	棍棒	大滚球	木板	大滚筒
统计结果（%）	35.7	7.1	7.1	57.1	42.9	14.2	0	21.4	28.6	0	42.9

6. 你会针对哪几种器械材料着重给幼儿介绍玩法和要求？请用“√”表示。

项目	垫子	平衡板	平衡木	圈	积塑块	平衡车	羊角球	沙包	拱形门	小墩	小马蹄
统计结果（%）	0	50	14.2	0	7.1	85.7	0	0	0	0	7.1
项目	皮球	地板块	水瓶	轮胎	跳绳	纸箱	锥形体	棍棒	大滚球	木板	大滚筒
统计结果（%）	14.2	0	7.1	42.9	35.7	7.1	0	7.1	7.1	7.1	50

二、调查结果分析

接受此项调查的教师一共有18名，其中曾经任教过小班的教师16名，任教过中班的教师12名，任教过大班的14名。调查结果如下所述。

（一）各类体育活动中的幼儿磕碰情况

调查结果显示，在各类体育活动中，小班幼儿出现磕碰现象最多的活动形式为集体体育游戏，达62.5%，磕碰现象最少的是早操，为0。出现这个结果的主要原因是小班以集体体育游戏为主要的活动形式，且小班幼儿的动作发展还不协调，容易在此类活动中出现磕碰现象。由于小班幼儿在早操环节中是站在固定的圆圈位置上做操，大大减少了幼儿彼此接触的机会，因此幼儿不易出现磕碰现象。

中班的调查结果中显示，磕碰现象最多的是目标性小区域活动，达75%。主要原因是中班的户外体育活动主要以目标性小区域活动为主，中班幼儿的年龄特点是活泼好动，虽然相对来说这个年龄幼儿的身体动作已经有所发展，但仍旧不够灵活，因此在此类活动中中班幼儿容易出现磕碰现象。最不容易出现磕碰现象的是早操，为0。

大班出现磕碰现象最多的是自由自选活动，为78.6%。主要原因是大班幼儿已经初步具有自己选择游戏的能力，但对待游戏中出现的问题还不能很好地解决，对自己激动的情绪还不能很好地控制。因此大班幼儿在此项活动中容易出现磕碰现象。在早操和室内活动中，出现磕碰现象最少，均为14.2%。这个结果与早操所选择的动作和队列形式有关，而室内活动中，一方面教师会加强对活动的要求，另一方面环境对幼儿也起到了一定的控制作用，因此不易出现磕碰现象。

（二）教师认为较难组织的体育活动形式

在各种体育活动形式中不太容易组织的活动，50%的小班教师认为是自由自选活动，这是因为小班幼儿注意力容易分散，对教师提出的要求容易忘记。58.3%的中班教师和64.3%的大班教师均认为开放式区域活动不太容易组织。因为开放式区域活动打破了班级界限，幼儿还可以自己选择喜欢的活动，可能离开本班教师的关注范围，因此幼儿情绪会异常兴奋，也给老师的组织和管理带来很大的不便，所以开放式区域活动比较不好组织。有关早操的此项调查结果为0，说明早操是老师们认为最容易组织的活动形式。

（三）容易出现磕碰现象的体育器械材料

在带班时出现磕碰现象的体育器械材料的调查结果中，小班的平衡板和积塑块均为50%，说明此类材料在小班容易出现磕碰现象。垫子、沙包、地板块、跳绳、纸箱、锥形体、木板块的材料的调查结果均为零，此类材料都比较柔软、平整，质量较轻，小班幼儿使用此类活动材料很安全。中班在垫子、圈、沙包、地板块、跳绳、锥形体的调查结果均为 0，说明这些材料对于中班幼儿来说很安全。大班在圈、沙包、地板块、纸箱、锥形体的测查结果均为 0，说明大班幼儿使用此类材料很安全。

另外，我们从三个年龄班的测查结果中看到，垫子、沙包、地板块、锥形体的结果均为 0，这些材料要么是平铺在地上的，要么质地柔软，要么在活动中与幼儿的直接接触不多，因此这类活动材料的使用不易导致幼儿出现磕碰现象，可以多多采用。

（四）使用次数最多的器械材料

在使用器械材料次数最多的调查中，小班幼儿主要是圈和沙包，使用率为 93.8%，其次是地板块为 87.5%。说明在教师心中，这些材料给小班幼儿使用是比较安全的。但对于轮胎、木板、大滚筒的使用率均为 0，这是由于小班能力所局限，这些活动材料对于小班来说不太适宜。

中班使用率最高的是圈、沙包、地板块、拱形门和水瓶，测查结果均为 91.7%，其次是垫子、平衡板、平衡木和小墩，测查结果均为 83.3%，说明在教师心中这些材料给中班幼儿使用是比较安全的。另外，轮胎和大滚筒的使用率为 0，说明此类材料不太适宜中班使用。

在大班活动中，使用率最高的材料是垫子、沙包、地板块、水瓶，均为 92.2%，说明这类材料在大班活动中使用比较安全。另外，轮胎已有少部分人使用，但多数人未使用，说明大部分教师对轮胎的安全使用还是有所顾虑的。

（五）对幼儿提多条使用要求的器械材料

对使用器械材料提到两条以上要求的调查结果为，小班在使用平衡板和小马蹄的时候提的要求比较多，为 56.3%，说明这两种材料的使用是小班教师比较担心的，而沙包、拱形门、跳绳、锥形体和木板的调查结果是 0。除去木板的使用率较低的原因，说明这些材料是教师能够放心投放使用的安全系数比较高。中班教师提要求最多的是平衡板和小马蹄，说明这两种材料的使用让教师比较担心，而圈和地板块的测查结果为 0，说明教师这两种材料的使用比较放心。大班教师在对平衡车的使用时提出的要求最多，达 71.4%，因为大班幼儿的动作发展逐步提高，平衡车的使用率也相应提高，而在使用中幼儿还不能很好地掌握方法，因此教师对此提出的要求相对较多。说明对于大班幼儿使用平衡车，教师心中还是会比较担心。

（六）着重为幼儿介绍玩法和要求的器械材料

在器械玩法上着重介绍的材料，小班是平衡板、积塑块和小马蹄，调查结果均为43.8%，说明这些玩具材料的玩法对于小班幼儿需要着重交代，而沙包、锥形体、木板的调查结果为0，除去木板使用率较低的原因，说明另外这些游戏材料玩法比较简单。中班是在平衡板（66.7%）、积塑块（58.3%）的使用上，教师会相对较多地介绍玩法，一方面是因为中班幼儿在玩法上会有所创新，另一方面也有教师对玩具使用过程中安全的担心。在大班，介绍玩法最多的就是平衡车，达85.7%。主要是因为这个材料是比较新的游戏材料，另外也有教师对材料使用的担心。我们发现，其他材料的使用方法教师重点介绍的大量减少，主要是因为它们已经是大班幼儿熟知的材料，对这些材料的玩法和要求已经相当熟悉了。

从整个调查结果来看，教师对于一些质地柔软、比较平稳的材料的使用是比较放心的，这些材料的安全系数也相对较高。另外，我们也可以发现一些调查中存在的问题，如几个方面的调查结果容易受材料的使用频率和方法的影响，比如跳绳的使用、木板的使用等，在以后的调查中，应对这些问题进行更为周密的考虑。

三、防范安全问题的有关建议

（一）活动前检查器械材料的安全性，不用已损坏或快要损坏的器械材料。

（二）教师应熟悉各种器械材料的特性，提高器械材料的使用率和全面性。

（三）针对初次使用的新材料和容易出现问题的材料，教师可以专门组织教育活动，介绍材料的玩法和注意事项。

（四）活动前，教师或能力强的幼儿为全体幼儿做示范动作。

（五）活动中，加强对幼儿使用材料情况的观察，发现问题及时调整解决。

（六）活动后，及时与幼儿总结材料的正确使用方法。

（七）在探索性体育活动中，引导幼儿在熟悉器械材料的用法并能注意安全的基础上，对材料进行探索，不要只强调新颖有趣。

（八）教师在使用材料时，应遵守《器械与材料使用的常规和注意事项》。

附录2 幼儿园常用运动器材的使用常规与注意事项

一、集体活动的中小型器材

运动 器械	跑	跳	跨跳	走与平衡	钻	爬	投掷	推滚
垫子		中班用于立定跳远。大班用于双脚持续跳。不适用于小班。	中大班均可使用。不适用于小班。垫子叠放不要超过两块。			适用于小中大班手膝爬和匍匐爬。		
平衡板		适用于中大班双脚持续跳，平衡板倒扣平放。	倒扣平放方式适合中大班跨跳。	小中大班都适用。小班重点引导幼儿掌握方法，注意加强保护。	倒扣平放，可与拱形门共用练习侧身钻。	可与垫子共用练习爬坡，中大班还可单独用于手膝爬和手足爬。		可做障碍物。
平衡木		可练习从高处往下跳。注意指导幼儿正确的落地姿势。		小中大班均适用，教师应加强保护。		较宽平衡木适用于手膝爬，注意加强保护。		可做障碍物。适用于大班。

（续）

运动 器械	跑	跳	跨跳	走与平衡	钻	爬	投掷	推滚
圈		平放适用于各种跳。			可与其他器材结合，适用于各种钻。		可当目标使用。	各年龄班均适用。
拱形门	可当往返跑的标志。	可平放练习双脚持续跳，适用于中大班。提示幼儿注意安全。		塑料拱形门平放，可用于中大班练习平衡，注意提示玩法，加强保护。	适用于各年龄班练习各种钻的方法。		可当目标使用。	可当障碍物。
小墩	可当往返跑的标志和曲线跑障碍物。	适合中大班练习各种跳，适合小班从上向下跳。		连接摆放练习平衡，各年龄班适用。				
积塑块	可当曲线跑的障碍物。	适合中大班练习各种跳，叠放不超过三块。	中大班可搭建适宜的高度，注意保护。	不同的摆放方式适合中大班练习平衡。				
大滚筒								适合中大班练习推滚。
大滚球								适合中大班练习推滚。

（续）

运动 器械	跑	跳	跨跳	走与平衡	钻	爬	投掷	推滚
轮胎		适合中大班练习双脚持续跳，注意摆放的距离并提示幼儿控制速度。	适用于中大班跨跳。叠放不超过两个，教师应特别加强保护。	连接摆放适合中大班练习平衡。提示幼儿注意脚踩的位置并控制速度。		适合中大班练习各种爬。提示幼儿注意距离，加强保护。		适合中大班练习直线推滚。
水瓶	可当往返跑的标志和曲线跑障碍物。	立放可当曲线跳的障碍物。	并排摆放适合中大班跨跳。					适合各年龄班推滚。
地板块		适合各年龄班练习各种跳。			适合各年龄班练习各种爬。			
纸箱		适合中大班练习跨跳。			大型纸箱可练习钻爬，注意引导幼儿不在里面停留。	可当练习投准的目标。		
棍棒	引导幼儿学会接力棒的正确交接姿势。	不适合做跳的活动。						
木板		适用于中大班双脚持续跳。		可与其他材料连接练习走平衡，注意材料的稳定性。		适用于中大班手足爬。		

二、分散活动器械

平衡车	皮球	羊角球	沙包	小马蹄	跳绳
注意选择适宜的场地，引导幼儿掌握正确的玩法，注意躲闪。	注意选择适宜的场地，引导幼儿根据动作选择大小适宜的球。提示幼儿不要让球碰到别人。	引导幼儿学会正确的玩法。	根据不同活动选择不同质地的沙包。	选择适宜的场地，引导幼儿不要用器械做其他危险的动作。	引导幼儿不能抢绳，注意与他人保持距离。

三、大型器械

（一）滑梯

1. 玩滑梯的时候，注意引导幼儿排队、按顺序上下。滑下来时，要用坐姿，双手扶好滑下。
2. 注意提示幼儿，等前面小朋友滑下站起后，后面的小朋友再滑。
3. 注意引导幼儿从正确的地方上滑梯，双手扶好，不推挤。
4. 注意引导幼儿在滑梯上不停留，不做危险动作。
5. 老师站在需要加强保护的位置，如上下滑梯的位置等。

（二）摇马

1. 玩摇马的时候，注意提示幼儿扶好扶手。
2. 注意摇马摆放在空旷的地方，与其他器械材料拉开距离。
3. 注意观察幼儿的情绪是否稳定正常，避免兴奋过度摇晃。
4. 提示幼儿把脚放在正确的位置，避免摇动时压到脚。

（三）爬网

1. 在攀登爬网的时候，提示幼儿手抓牢、脚踩稳，与同伴保持一定的距离。

2. 提示幼儿下爬网的时候要注意身后，不要踩到同伴。

（四）小荡桥

1. 在荡桥上通过的时候要扶好扶手，脚踩稳。

2. 不要在荡桥上故意晃动。

3. 过桥的时候要注意与前后同伴保持合适的距离。

图书在版编目（CIP）数据

让孩子动起来：幼儿园体育活动全课程/王岚主编．—北京：农村读物出版社，2010.9（2020.5 重印）
ISBN 978-7-5048-5380-6

Ⅰ.①让… Ⅱ.①王… Ⅲ.①体育课—学前教育—教学参考资料 Ⅳ.①G613.7

中国版本图书馆 CIP 数据核字（2010）第 149962 号

责任编辑 马英连　黎春花　张　志
出　　版 农村读物出版社（北京市朝阳区农展馆北路 2 号　100125）
发　　行 新华书店北京发行所
印　　刷 中农印务有限公司
开　　本 787mm×1092mm　1/16
印　　张 13
字　　数 218 千
版　　次 2010 年 9 月第 1 版　　2020 年 5 月北京第 3 次印刷
定　　价 38.00 元